SEDUCCIÓN PARA HOMBRES ALFA

Max Duque

SEDUCCIÓN PARA HOMBRES ALFA

Cómo ligar con la mujer
de tus sueños

EDITORIAL
Letra Minúscula

Primera edición: diciembre de 2023
ISBN: 978-84-10059-79-5
Copyright © 2023 Max Duque
Editado por Editorial Letra Minúscula
www.letraminuscula.com
contacto@letraminuscula.com

ÍNDICE

PRÓLOGO

«Perdedores y salidos, más salidos que perdedores», dice una periodista que quiere entrevistar al gurú de la seducción interpretado por Tom Cruise en la película *Magnolia*, refiriéndose a los asistentes a un seminario para hombres. Aquí vemos algunos de los prejuicios que la sociedad tiene contra aquellos que quieren mejorar esta habilidad social. Sin embargo, te diré que el aprendizaje de seducción es, en realidad, una forma de desarrollo personal, de mejora de tu autoconocimiento. Te puedo asegurar que estudiar seducción es una de las mejores inversiones que puedes hacer en tu vida. Puede cambiar todo tu mundo, hacerte mejor, más feliz y lograr que tengas relaciones más satisfactorias con las mujeres.

Muchos, de manera equivocada, creen que la seducción es una forma de manipulación psicológica, que es jugar con las emociones y la mente para conseguir ciertos resultados, como sexo fácil, en vez de lograr una conexión genuina entre dos personas. Nada más lejos de mi intención. La seducción se fundamenta en el autoconocimiento de uno mismo y en la comprensión de la psicología afectiva y sexual de las interacciones entre hombres y mujeres. No se basa en manipular, sino en entender. Además, no consiste en tratar a la mujer como un objeto sexual, sino en entenderla como un ser humano pleno, libre y autónomo que toma sus propias decisiones.

Lo que puede lograr el estudio de la seducción es que los hombres abandonen comportamientos machistas o misóginos, muchas veces surgidos por la frustración y el desconocimiento. Un hombre que domina el juego de la seducción respeta a la mujer, la comprende y es capaz de satisfacer sus necesidades. Por lo tanto, no hay nada más feminista —en el sentido real y auténtico del término— que estudiar seducción, que es la forma que un hombre tiene de mejorarse, de superar prejuicios y de ser capaz de satisfacer los deseos de una mujer y, de esa forma, establecer una conexión real y auténtica con ella.

Es falso también creer que los cursos, libros o técnicas de seducción promueven estereotipos de género anticuados y pueden fomentar actitudes sexistas. La psicología evolutiva nos demuestra que la seducción unisex es un error, que los mecanismos psicológicos que mueven al hombre y a la mujer en sus relaciones amorosas son distintos. El hombre y la mujer tienen diferentes necesidades afectivas. Y de ahí surgen muchos de los conflictos que hay en sus relaciones. Pero también de esa diferencia nace la necesidad que el uno siente por el otro. Son distintos pero complementarios.

El hombre alfa que defiendo en este libro no es violento ni agresivo, no considera a la mujer como un objeto sexual para su disfrute. El hombre alfa verdadero es un líder; es alguien empático, asertivo, que busca establecer una conexión real, auténtica y de igual a igual con la mujer, pero que además comprende que ella es un ser humano completo y libre que puede decidir estar con él o no con total responsabilidad y madurez.

No fomento ni defiendo las relaciones superficiales. En realidad, la seducción debería ayudarte a conectar de manera genuina con una persona y quizás a poder establecer una relación a largo plazo, incluso para el resto de la vida. Pero todo eso dependerá de muchas cosas, como de si tú deseas eso y de si ella, en ese momento, lo desea también. Por lo tanto, soy de la opinión de que, en las relaciones, al igual que en todo lo demás, lo deseable es la profundidad, no la superficialidad. Es decir, lo que tienes que buscar es establecer una conexión profunda y duradera con una mujer que ayude a ambos a crecer como seres humanos. Por lo tanto, es falso que estudiar seducción conduzca a relaciones superficiales.

Tampoco es verdad que las técnicas o las estrategias de seducción sean coercitivas o que no respeten el consentimiento que una mujer tiene que dar para poder establecer una relación. En realidad, buscan poder satisfacer de manera plena las necesidades afectivas de las mujeres. Si muchos más hombres estudiaran seducción, el mundo sería un lugar mejor porque habría más hombres capaces de satisfacer las necesidades de las mujeres; hombres libres, independientes, fuertes y no necesitados afectivamente, capaces de superar barreras mentales como los celos o la agresividad, la frustración y la misoginia. Todo eso se supera cuando comprendes el juego de la seducción.

Algunos piensan, como en la película *Magnolia*, que el estudio de la seducción es solo para perdedores, gente con baja autoestima. Eso no es cierto. El estudio de la seducción es para personas que quieren mejorar su vida, que desean crecer como seres humanos; es un modo de empoderamiento porque implica la autocomprensión, y todo aquello que ayude a tu comprensión profunda como persona te servirá para crecer como ser humano. Por lo tanto, de los múltiples caminos que existen para mejorar en la vida, el del seductor te ayudará a mejorar como ser humano. Ese proceso te fortalecerá, mejorará tu autoestima, tus habilidades sociales y, sobre todo, serás más capaz de alcanzar la felicidad con una pareja que te haga sentir bien y también podrás satisfacer mucho mejor las necesidades afectivas de una mujer.

Por lo tanto, olvida todos los prejuicios que la sociedad pueda tener sobre este tema, las películas románticas, los artículos falsamente feministas, los prejuicios, las burlas y las risas de ignorantes y de personas que no saben de lo que están hablando. El camino del seductor tiene corazón, te ayudará a mejorar como ser humano, es un sendero que vale la pena recorrer.

CAPÍTULO 1. PSICOLOGÍA EVOLUTIVA DE LA SEDUCCIÓN

1. SELECCIÓN NATURAL Y SEXUAL

En este primer capítulo, quiero hablarte de la psicología evolutiva. Sé que lo que te interesa es seducir a la mujer de tus sueños y poder conquistarla con facilidad. Para mí sería fácil comenzar este libro explicándote técnicas, trucos y demás formas de intentar manipular a una mujer para conseguir tus propósitos. Pero nada más lejos de mi intención. En este libro no vamos a hablar de cómo manipular o cómo influir en la mujer para que puedas lograr seducirla. En su lugar, intentaremos comprender la naturaleza profunda de la sexualidad y la psicología del amor de la mujer. Solo entendiendo esto podremos ser capaces de conquistar a la mujer de nuestros sueños.

Por lo tanto, para lograrlo debes tener la mentalidad y las ideas correctas que te permitan afrontar este propósito que tienes. Los trucos, las técnicas y los consejos fáciles no sirven. Lo que sirve es el conocimiento, el conocimiento profundo de la naturaleza psicológica de la mujer y también de tu propia naturaleza como hombre que desea conquistar a la mujer que te atrae. Y para lograr ese propósito la psicología evolutiva nos ofrece un paradigma, una serie de ideas, una construcción teórica que nos permite profundizar de manera decisiva en la comprensión de la psicología psicoafectiva y sexual de la mujer.

No podemos reducirlo todo a la biología. Es evidente que en las relaciones afectivas entre hombres y mujeres la cultura tiene un peso importante. No era lo mismo intentar seducir a una mujer de una tribu africana en el siglo xviii que hacerlo en la sociedad actual en una ciudad. El contexto religioso, social y cultural de las personas influye de manera decisiva en las relaciones afectivas entre ambos sexos. Sin embargo, sí que es cierto que el conocimiento de la psicología evolutiva nos puede dar ese fundamental marco teórico para entender a la mujer.

La psicología evolutiva nace a partir de la teoría de la evolución de Darwin. Al final viene a ser una aplicación de principios biológicos a la sociedad, a la cultura y a la psicología de las personas. Por lo tanto, es importante tener conocimientos básicos acerca de psicología evolutiva para comprender los mecanismos que hay detrás de la atracción sexual y amorosa entre dos personas. No es un fenómeno mágico. No tiene nada que ver con la visión simplista que nos ha dado la literatura romántica. Por lo tanto, te pediría que dejaras de lado tus prejuicios, que abandonaras las ideas preconcebidas de la sociedad y que te sumergieras de manera profunda y sin prejuicios en la comprensión de la psicología de la atracción humana.

Hay que entender un aspecto fundamental sobre esto, que es la selección natural unida a la selección sexual. Dicho de otro modo, los machos más dotados desde un punto de vista evolutivo, que poseen las características que permiten la supervivencia de la especie, son aquellos que tienen más probabilidades de ser elegidos por las hembras para tener una unión sexual o de pareja, ya que son capaces de garantizar el objetivo primordial de toda unión sexual: la perpetuación de la especie. Tenemos que concebir esto desde un punto de vista animal. Aunque los humanos sean seres culturales, también son seres animales que tienen sus propios ritos de cortejo. Este paradigma mental nos puede ayudar a comprender comportamientos de la psicología de la atracción entre los humanos.

Desde un punto de vista evolutivo, el objetivo del sexo no es el placer, sino la perpetuación de la especie. El objetivo primordial de todas las especies vivientes es continuar existiendo. Esto es lo que prioriza la naturaleza, y nosotros estamos programados por la biología; se trata de los rasgos de carácter, de personalidad y físicos que ayudan a perpetuar la especie. Así, las hembras se van a sentir atraídas de forma natural por aquellos machos que sean capaces de garantizar de una forma más eficiente la supervivencia de la especie, es decir, que les den protección y seguridad, sobre todo a sus hijos. De esta manera, aunque ahora seamos seres culturales y una mujer o un hombre no deseen tener hijos, sus comportamientos —según la psicología de la atracción— estarán condicionados de forma biológica por la necesidad natural que todas las especies vivientes tienen de perpetuarse.

Entonces, ¿cuáles son los rasgos que ayudan a perpetuar la especie? Si los analizamos, nos daremos cuenta de que los poseen los hombres más atractivos para la mayoría de las mujeres. Cuando afirmo todo esto, estoy generalizando, y toda generalización es una forma de simplificación. Ya sé que habrá mujeres a las que no les resulten atractivos los rasgos que voy a señalar a continuación, pero aquí estamos hablando de que son válidos de forma probabilística. Por eso, no caigamos en razonamientos falaces o reduccionistas. Así, aunque en este libro hablamos de lo que resulta atractivo para la mayoría de las mujeres, cada persona es un mundo.

En verdad, deseamos el éxito desde un punto de vista probabilístico al contar con los rasgos necesarios para perpetuar la especie, ya que —estadísticamente hablando— tendremos más posibilidades de conseguir pareja y de conquistar a la mujer de nuestros sueños. Pero también puede ocurrir que ella —por razones que analizaremos más adelante— no esté abierta a ser conquistada o que los rasgos que tú posees, a pesar de ser atractivos para la inmensa mayoría de las mujeres, para ella no lo sean. Por lo tanto, tienes que pensar desde un punto de vista general. Este libro no trata de casos particulares, sino de la comprensión general de los mecanismos de atracción entre el hombre y la mujer.

2. FORTALEZA FÍSICA

Según la psicología evolutiva, una de las primeras características que provoca atracción en la mayoría de las mujeres respecto a los hombres es la fortaleza física. Las mujeres pueden sentirse atraídas por hombres físicamente fuertes debido a razones evolutivas relacionadas con la protección y la capacidad de cazar. Desde un punto de vista evolutivo, la protección es fundamental para la mayoría de las mujeres.

La mujer sabe que es, en general, físicamente inferior al hombre. En el mundo anterior al siglo xx, que era mucho más hostil que el actual, la mujer estaba sometida a la naturaleza y a la necesidad de la búsqueda de alimentos para sí misma y para sus hijos. Y además estaba dominada por los hombres, que eran física y socialmente más poderosos. Esta situación no ha variado hasta la época actual; desde un punto de vista evolutivo, durante millones de años ha sido así.

La protección que puede ofrecer un hombre fuerte es un rasgo que genera un enorme atractivo, de forma inconsciente, en la mayoría de las mujeres. Y esto es algo de lo que cualquier persona con sentido común se daría cuenta. Los hombres fuertes tienen más capacidad para atraer mujeres.

Pensemos, por ejemplo, en la capacidad para cazar y recolectar. En las sociedades antiguas, estas habilidades eran cruciales para la supervivencia y, por lo tanto, la fortaleza física podía ayudarnos. Cuanto más fuerte fuera el hombre, más capacidad tendría para proveer a su hembra y a sus hijos. Eso sí, también debemos entender que la fortaleza física hoy en día ha quedado en un segundo plano, a pesar de que hay *fortalezas* de otro tipo, como la mental o la basada en la capacidad para proveer, es decir, tener dinero.

Lo que hace atractivo a un hombre que tiene dinero no es el dinero en sí mismo, que al final solo es un instrumento, sino la capacidad que tiene el poder económico de brindarle protección a la mujer o de generar emociones positivas en ella y ofrecerle un estilo de vida excitante e interesante. No es el dinero lo que hace atractivo a un hombre, sino que este es un indicativo de su competencia, de su poder, de su fortaleza social y de la capacidad para proteger a su familia.

Además, la fortaleza física es un indicador de buena salud y, por lo tanto, de una genética favorable. Un hombre saludable y físicamente atractivo tiene buenos genes y, por lo tanto, será más deseable para la mayoría de las mujeres. La fortaleza física podría indicar la capacidad de un hombre para competir con otros hombres. Un hombre más fuerte en un mundo competitivo de bienes escasos —tanto por el alimento como por el dinero o el poder— indica que tiene más capacidad para conseguir recursos, y esa habilidad genera atracción en la mujer.

Mantener un buen estado físico en la sociedad moderna a menudo requiere disciplina, una dedicación al ejercicio y una dieta equilibrada. Por ende, el hecho de que un hombre sea físicamente fuerte nos indica que es disciplinado, alguien que tiene una gran capacidad para conseguir sus objetivos, que está focalizado y que, por lo tanto, a la larga generará más capacidad de protección para su familia.

La dedicación al ejercicio y tener una dieta equilibrada le dicen a la mujer que ese hombre va a tener una vida más larga. El hecho de que su pareja, de que el padre de sus hijos, tenga una buena alimentación le indica a la mujer que los va a educar en buenos hábitos alimentarios y que, por lo tanto, tendrán una mejor salud. Esto aumenta el atractivo del hombre como potencial compañero.

La confianza es otro aspecto fundamental de la fortaleza, ya que la fortaleza física puede influir en la autoestima de un individuo: una buena forma física ayuda a que un hombre se sienta más seguro de sí mismo. Es más probable que un hombre fuerte tenga una mayor autoestima y confianza, y así es más fácil que consiga sus objetivos y tenga éxito en la sociedad. Y el éxito —volvemos a lo mismo— te da más capacidad de proveer para tu familia, lo cual genera atracción en la mujer.

Un buen estado físico y una buena salud a menudo están interrelacionados. La fortaleza física podría, en algunos casos, ser vista como un indicador de una vida potencialmente más larga y saludable, y esto es algo que genera mucho atractivo, es decir, la mujer quiere un hombre sano que tenga la capacidad de vivir mucho tiempo. Por ejemplo, un hombre que fuma frente a una mujer que no lo hace pierde parte de su atractivo. ¿Por qué? Porque ese hombre va a tener una peor calidad de salud; va a hacer que su mujer e hijos sean fumadores pasivos y, por lo tanto, que su familia sea perjudicada, y lo más probable es que ese hombre viva menos tiempo. A la mujer le interesa un hombre con una larga expectativa de vida, incluso mayor que la suya, para evitar enfrentar sola las responsabilidades de la vida y la carga económica de sostener a sus hijos si aún son pequeños.

Un hombre fuerte puede dar estabilidad en tiempos difíciles. Pensemos que, a lo largo de la historia, en la mayoría de las sociedades tribales o en los Estados modernos, ha habido guerras constantemente. No ha sido hasta la época moderna cuando, en la mayoría de los países del mundo, hemos logrado vivir en paz. La guerra ha sido una constante a lo largo de la historia. Y la guerra, las luchas o los conflictos tribales de todo tipo son más fáciles de superar para una mujer si tiene un hombre fuerte a su lado que le asegure que en épocas conflictivas podrá proteger mejor a su familia, algo que genera mayor atractivo para la mujer.

La percepción de que un hombre es físicamente fuerte también transmite la idea de que tiene unos genes deseables, saludables, y eso hará que tenga unos hijos mejor dotados. La mujer quiere que sus hijos sean lo más sanos, fuertes y exitosos posible. Y un padre fuerte está asegurando una fortaleza física que puede ser útil para sus hijos.

En muchas sociedades contemporáneas, el atractivo estético también se relaciona con un cuerpo atlético y tonificado. La influencia de los medios y de la cultura popular ha reforzado esta imagen en muchos lugares. En otras palabras, un hombre fuerte, un hombre musculoso, es considerado más atractivo o más deseable que otros por la mayoría de las personas. El atractivo físico ayuda a tener más éxito en la sociedad, lo cual mejora la capacidad del hombre para proveer a su mujer y a sus hijos.

Además, la mujer está biológica y culturalmente programada para sentirse atraída por un cuerpo atlético y tonificado. Si miramos las estatuas de la Antigua Grecia, veremos que el ideal de cuerpo masculino implicaba que fuera tonificado, atlético y musculoso. Como ese ideal forma parte del inconsciente colectivo de infinidad de sociedades y personas, muchísimas mujeres aspiran a que su pareja se acerque lo más posible a él.

Lo que atrae de la fortaleza física a la mujer es la capacidad que un hombre fuerte tiene para protegerla a ella y a sus hijos, para tener más éxito en la sociedad y para lograr sus propósitos. Esas son cualidades apreciadas por muchas mujeres que generan de forma inmediata, automática, un sentimiento de atracción hacia el hombre que las posee.

3. AMBICIÓN Y ESTATUS SOCIAL

La capacidad para proveer es, según la psicología evolutiva, otro de los rasgos principales que tiene un hombre atractivo. En muchas sociedades tradicionales y también hoy en día, se espera que los hombres proporcionen recursos a sus familias. Por lo tanto, las mujeres podrían favorecer a los hombres que muestren la capacidad para obtener y proteger los recursos familiares. Esto es así porque uno de los anhelos fundamentales de una mujer es la seguridad económica. Así como los hombres muchas veces priorizan más la libertad, para la mujer, en general, es más importante la seguridad, sobre todo la de sus hijos, aunque también la personal. No tanto el dinero: la seguridad es lo primero para la mujer, pero el dinero es capaz de proporcionar seguridad.

La capacidad de un hombre para proveer recursos asegura una base estable para el sustento familiar, lo que se traduce en una seguridad económica para la familia. Una familia con buenos recursos económicos lleva una existencia más saludable, estable y feliz. Y la mujer quiere para sí misma y para sus hijos esa felicidad. En ese sentido, el dinero es un instrumento fundamental para conseguirlo.

Un hombre con dinero adquiere mayor atractivo. Con los recursos adecuados, se garantiza que los hijos tengan acceso a una buena alimentación, educación y atención médica, lo que aumenta sus posibilidades de prosperar. Unos niños que tienen acceso a buena comida, que pueden ir a los mejores colegios y universidades y tener la mejor asistencia médica tendrán una vida más fácil. Y el objetivo principal de una mujer, biológicamente hablando, es garantizar la supervivencia de la especie y el bienestar de sus hijos. La mujer está, según la psicología evolutiva, programada biológicamente para garantizar que sus hijos pervivan y que tengan la mejor vida posible. Por lo tanto, tiene que buscar el bienestar de su descendencia.

En muchas sociedades, los recursos y la riqueza se correlacionan con el estatus social. Un hombre con recursos podría ofrecerle a su mujer una posición social elevada dentro de su comunidad. Un hombre que sea rico, famoso, un político importante, un empresario exitoso, un deportista conocido, es decir, una persona socialmente valorada, es probable que, además, sea rica. Y la mujer puede disfrutar de todo el placer, de toda la satisfacción que produce tener un estatus social elevado y poder relacionarse con personas de un mayor nivel.

A veces los hombres son menos conscientes de la importancia social que tienen, pero la mujer, en general, valora más el estatus social. El hombre no suele preocuparse tanto por esto porque, cuando está interesado por una mujer, lo que valora no es su estatus social o su capacidad para generar dinero, sino sobre todo su atractivo físico, su salud, su capacidad reproductiva y su personalidad. La capacidad de la mujer para proveer o el estatus social que tenga son temas que al hombre no le interesan tanto.

Por lo tanto, tú, como hombre, como lector de este libro, tienes que entender que la psicología sexual, afectiva y amorosa es radicalmente distinta entre el hombre y la mujer; o sea, las mujeres no son como tú, no piensan como tú y no se sienten atraídas por las mismas cosas que tú. De ese modo, si piensas que una mujer se siente atraída por lo mismo que a ti te atrae, estás condenado a fracasar.

La ambición es también un rasgo apreciado porque indica un deseo de crecimiento y mejora personal, lo que puede traducirse en una mejor calidad de vida a largo plazo. Las personas ambiciosas tienen el deseo de mejorar, y esto lleva a tener un mayor éxito social y económico. Eso atrae más a las mujeres porque más éxito económico y social indica una mayor capacidad de protección.

Un estatus social elevado también implica un reconocimiento y un respeto en la comunidad en la que se vive, y eso es atractivo para muchas personas. Los líderes sociales cuentan con mayor atractivo que las personas que tienen un estatus social más bajo. Además, las personas con un alto estatus social tienen más oportunidades y experiencias exclusivas, y eso es algo que la mujer valora muchísimo.

Un alto estatus puede indicar la presencia de una red social sólida de contactos y apoyos, lo que es beneficioso en situaciones difíciles o para aprovechar oportunidades. Un hombre que tiene una familia poderosa o que pertenece a un estatus social elevado no está solo, sino que tiene gente que le puede ayudar. Cuantas más personas tengas a tu alrededor que te puedan ayudar, más fuerte serás socialmente hablando, y eso es atractivo para una mujer. Un hombre aislado provoca menos interés que un hombre que forme parte de una familia poderosa porque la mujer sabrá que, cuando se case o se empareje con este último, también disfrutará de la protección que esa familia poderosa les ofrecerá a su hombre, a ella y a sus hijos. Como la sensación de protección de la que disfruta es mucho mayor, su atracción hacia ese hombre aumentará. Un hombre con una familia rica o influyente detrás tiene más facilidades para encontrar pareja.

Alcanzar cierto estatus social también requiere, muchas veces, inteligencia, habilidades sociales y perseverancia. Esas son tres cualidades que las mujeres valoran extraordinariamente. El éxito social es un indicativo de tus capacidades personales, de tu inteligencia, de tu perseverancia, de tu disciplina y de tu capacidad para ponerte metas y lograrlas. Esas son cualidades positivas.

La ambición y un estatus social elevado pueden ser vistos como indicadores de estabilidad tanto económica como emocional. Un hombre estable desde un punto de vista psicológico, emocional y económico es más atractivo que un hombre que sea inestable.

También es cierto que hay hombres atractivos que tienen un estilo de vida, por así decirlo, inestable. Pongamos el caso, por ejemplo, de un surfista que se dedica a viajar por todo el mundo. Igual no tiene unos ingresos fijos, pero lo compensa con el hecho de que su vida es excitante. Tú puedes llevar una vida inestable pero interesante y, por lo tanto, la capacidad para vivir experiencias divertidas hace que una cosa compense la otra. Pero un hombre que no tenga estabilidad económica, social o de estatus y tampoco sea capaz de proveer a la mujer con nuevas experiencias perderá parte de su atractivo.

Un hombre ambicioso y de alto estatus social puede ser visto como un buen modelo para seguir por sus hijos, al enseñar valores como la determinación o el esfuerzo. La mujer quiere que sus hijos tengan el mejor padre posible. Como un padre triunfador es un modelo de comportamiento exitoso, ese hombre tendrá mayor atractivo.

En algunas sociedades se espera que las personas se asocien con aquellos de estatus social similar, lo que hace que la ambición y el estatus sean factores cruciales en la elección de pareja. Dentro del mercado del amor —es un mercado, aunque nos cueste entenderlo—, cada persona tiene un valor y, en general, tiene que estar compensado. Por ejemplo, un hombre viejo pero rico puede tener un estatus alto en el mercado del amor porque compensa con riqueza su falta de juventud o de fortaleza física. Una mujer joven y pobre, pero hermosa y atractiva, tiene un alto valor, aunque no tenga dinero, porque lo que priorizan los hombres es el valor sexual y la juventud. Por lo tanto, una pareja formada por una mujer joven y atractiva y un hombre mayor y feo, pero rico, es una pareja equilibrada porque ambos tienen un estatus social elevado dentro de lo que es el mercado del amor, lo que los transforma en una pareja compensada.

También los estilos de vida tienen que ser compatibles. Es normal que un actor famoso salga con una actriz famosa porque ambos tienen el mismo estilo de vida, unos ingresos parecidos y un estatus social y un valor similar en el mercado del amor. Y lo similar atrae a lo similar. Eso no significa que el hombre y la mujer tengan que ser iguales, pero sí que deben tener un valor parecido en el mercado del amor.

Un alto estatus social puede ofrecer un grado de protección contra las adversidades, ya que las personas con influencia y recursos están mejor posicionadas para afrontar cualquier desafío que pueda surgir en la vida. Un hombre rico tiene mayor acceso a una salud de calidad y, por ende, tiene más posibilidades de cuidar a su mujer. Muchos hombres que desconocen todo esto que te estoy explicando sienten un profundo rechazo y rencor hacia las mujeres porque consideran que son materialistas y que lo único que les importa es el dinero y el estatus, o que solo quieren divertirse. Pero esa misoginia surge porque se desconoce que la mujer, al igual que el hombre, ha sido programada por sus genes durante millones de años para sentirse atraída por una serie de rasgos y, por lo tanto, es algo contra lo que no se puede luchar. Las cosas son así y debes aceptarlo.

No es que las mujeres amen a los hombres que tienen dinero. Las mujeres aman a los hombres que son capaces de ofrecerles protección y seguridad, de proveer para ellas y para sus hijos y de darles una vida excitante que le genere emociones positivas. De la misma forma, el hombre está programado para sentirse atraído por una mujer joven, hermosa y con una alta capacidad reproductiva. En ambos casos, no hay que culpabilizar ni criminalizar a nadie. No hay que sentir rencor por cómo son las mujeres o por cómo son los hombres. Tú simplemente tienes que aceptarlo y aprender a jugar con esas cartas.

Sentir rencor hacia las mujeres demuestra que tienes un estatus social bajo, que no te sientes seguro de ti mismo y que no eres capaz de atraer a tu vida a las mujeres que deseas. Indica, además, una profunda ignorancia social y psicológica.

Un hombre alfa con experiencia entiende cómo funciona el juego del amor, lo acepta, aprende a jugar con esas cartas y no siente ninguna clase de rencor hacia las mujeres. Aprende a amarlas tal como son, de la misma forma que tienes que aceptarte a ti mismo tal como eres.

4. PROTECCIÓN

La capacidad para proteger es también uno de los rasgos claves que un hombre atractivo posee. Esta cualidad puede ser vista como un signo de instinto paternal, lo que sugiere que el individuo será cuidadoso y atento con las necesidades de sus hijos. Un hombre que le demuestra a la mujer que puede protegerla le está «diciendo» que también será capaz de proteger a sus hijos. Por lo tanto, eso aumentará su atractivo sexual. Una figura protectora puede brindar un sentimiento de seguridad, algo que es esencial para la estabilidad emocional y el bienestar de la familia. Un hombre que protege a sus seres queridos transmite seguridad, y este es un valor fundamental para una mujer.

La inclinación a proteger indica una inversión en el bienestar de la pareja, mostrando que sus intereses y seguridad son una prioridad. Un hombre que protege a su pareja le demuestra que es importante para él y que quiere invertir su tiempo en su relación. También puede ser una manifestación de determinación y valentía, indicando que la persona hará lo necesario para asegurarse de que sus seres queridos estén seguros.

Un hombre valiente tiene más valor sexual en el mercado del amor porque su capacidad para proteger a sus seres queridos es mayor que la que posee un hombre cobarde. En situaciones adversas o desafiantes, tener a alguien con instinto protector al lado puede dar apoyo y protección. Saber que se tiene un compañero protector fortalece la confianza en la relación.

La capacidad de priorizar las necesidades de otros y de protegerlos puede indicarle a la mujer que el hombre cuenta con madurez emocional y que puede ser una buena pareja a largo plazo. Para aquellos que valoran las relaciones de género más tradicionales, la capacidad de protección del hombre es fundamental. También puede ser una manifestación de apego seguro, mediante la cual el individuo busca dar seguridad y estabilidad a aquellos a quienes ama. Una naturaleza protectora indica que el individuo está dispuesto a esforzarse y a hacer sacrificios para asegurarse de que la relación y su familia estén bien.

Muchas veces se dan situaciones en las cuales una pareja se está conociendo y una mujer está evaluando si ese hombre puede ser un buen compañero a largo plazo, si vale la pena invertir su tiempo y sus emociones en él, de modo que puede ocurrir que pruebe a ese hombre para ver si tiene capacidad para protegerla. Incluso podría darse la circunstancia de que ella, de manera consciente o inconsciente, provocara una situación en la que otro hombre se mostrara amenazante para ver cómo reacciona su potencial pareja.

5. PERSONALIDADES COMPLEMENTARIAS

La compatibilidad de rasgos de personalidad también juega un papel fundamental en la dinámica de las relaciones. Si bien lo que cada persona considera que es compatible puede variar, hay ciertos rasgos universalmente aceptados. En primer lugar, la comunicación fluida. La compatibilidad en rasgos de personalidad puede facilitar una comunicación más abierta y efectiva, reduciendo malentendidos y conflictos. Es evidente que, si tenemos una cosmovisión y unos valores similares con nuestra pareja, habrá menos discusiones y la vida diaria será más llevadera. Cuando dos personas tienen rasgos de personalidad complementarios, es más probable que se entiendan y respeten las motivaciones y comportamientos del otro.

Aquí no nos tenemos que equivocar: un hombre y una mujer no deben tener la misma personalidad para llevarse bien, sino personalidades compatibles, que es diferente. No confundamos la igualdad con la compatibilidad. Puede darse el caso, por ejemplo, de que un hombre sea fuerte y decidido y a una mujer le guste más ser guiada por su hombre. Y en ese caso habrá compatibilidad de caracteres. Pero, si al hombre le gusta mandar y a la mujer también, habrá discusiones y choques en la pareja. Por lo tanto, esas dos personas no serán compatibles, tendrán más enfrentamientos y lo más probable es que esa pareja, a largo plazo, tenga menos posibilidades de éxito.

Rasgos de personalidad complementarios pueden aportar un equilibrio a la relación. Una persona extrovertida puede complementar a una introvertida, equilibrando de esta forma las interacciones sociales. Convivir con alguien cuya personalidad complemente a la tuya puede fomentar el crecimiento personal y ayudarte a desarrollar habilidades o perspectivas que, de otro modo, no hubieras explorado. Una persona tímida es compatible con una extrovertida porque esta le ayudará a superar su timidez. Pero, si ambas son tímidas, se puede generar un desequilibrio social, y una cosa no se compensará con la otra.

Las parejas con rasgos de personalidad complementarios tienden a estar más satisfechas y a vivir con mayor armonía y entendimiento. También tienen enfoques más constructivos para resolver los conflictos. Además, suelen tener metas y valores similares o complementarios, lo que es fundamental para el compromiso y la relación a largo plazo. La compatibilidad en las personas significa que ambas partes son flexibles y adaptables a los cambios y desafíos, trabajando juntas como pareja para lograr una mayor armonía. Pueden conectar a un nivel más profundo, lo que lleva a una conexión emocional más rica y significativa. Personalidades complementarias tienen una mayor posibilidad de éxito en una relación de pareja.

6. FACTOR FULANA

La atracción femenina durante mucho tiempo ha sido un misterio porque no se conocían los principios básicos de la psicología evolutiva; sin embargo, las investigaciones más recientes nos indican que los estímulos que generan atracción entre el hombre y la mujer son distintos. El hombre está condicionado visualmente por la juventud y la belleza; en cambio, la mujer, por el estatus y la capacidad de protección del hombre.

Los hombres quieren tener la mayor cantidad posible de relaciones con mujeres jóvenes y fértiles porque de esa forma la procreación estará garantizada. El hombre está biológicamente condicionado para ser promiscuo, mientras que no ocurre lo mismo con la mujer: cuando esta lo es, pierde gran parte de su valor en la mayoría de las sociedades, lo cual tiene razones biológicas.

Si en la prehistoria una mujer tenía relaciones con muchos hombres diferentes y quedaba embarazada sin tener un compañero que se hiciera cargo del niño, estaba en condiciones inferiores a las de otras para conseguir perpetuar la especie. Una mujer de la Antigüedad que no tuviera una pareja que estuviera dispuesta a cuidarla condenaba a sus hijos a una muerte casi segura. Esto ha cambiado en el último siglo con la emancipación de la mujer, pero seguimos biológicamente programados para este tipo de comportamiento. Así, la mujer está acostumbrada a descartar muchos posibles candidatos, y lo que busca es una pareja estable. Lo hace no solo porque haya sido condicionada por la sociedad para ello, sino porque es biológicamente más satisfactorio y eficiente tener una pareja estable que ser promiscua.

Las mujeres promiscuas pueden emparejarse con hombres que no ofrecen garantías ni apoyo. En cambio, las mujeres más selectivas pueden elegir parejas con mejores genes y más dispuestas a ayudarlas en la crianza. Por lo tanto, la selección natural a lo largo de los años ha sido más favorable para las mujeres que no han sido promiscuas, y debido a esto los genes de las mujeres no promiscuas han tenido más posibilidad de perpetuarse en el tiempo.

Esta es una de las razones por las cuales las mujeres han desarrollado lo que se ha llamado *el factor fulana* dentro del mundo de la seducción. El factor fulana es un condicionamiento social que hace que la mujer se sienta mal consigo misma y que sea sancionada por la sociedad cuando es poco selectiva y promiscua.

Muchas veces las que más sancionan a las mujeres promiscuas son otras mujeres, y no tanto los hombres, ya que tienen miedo de que se las considere fáciles y poco selectivas. Una manera de superar el factor fulana es separar a la mujer de un entorno social y que el proceso o fenómeno de seducción se dé en un ámbito privado sin que ella tenga que verse expuesta a la opinión pública.

Es evidente que con la actual emancipación de la mujer y los avances sociales el factor fulana se ha atenuado mucho. Sin embargo, sigue estando presente en la parte más profunda del cerebro de muchas personas. La mujer siente que, cuando es poco selectiva, es «fácil» y pierde valor de cara al hombre; por lo tanto, tiende a ser mucho más selectiva que este en su búsqueda de una pareja.

CAPÍTULO 2. PERSONALIDAD ALFA

1. NO SEAS TÚ MISMO

Uno de los peores consejos que pueden darte —quizás sea el que te haya dado tu madre, tu hermana o tu amiga— es el de que seas tú mismo. La realidad es que ser tú mismo es lo que te ha llevado hasta aquí. Ese consejo solo tiene sentido si ya eres un hombre alfa, te comportas como tal y vives en la abundancia. Si eso es lo que deseas hacer con tu vida. Pero, si no has tenido el éxito que hubieras deseado con las mujeres, ser tú mismo es lo peor que puedes hacer. Eso no significa que tengas que cambiar radicalmente; es decir, si te gustan los videojuegos, eres bueno con ellos y te apasionan, puedes hacer que eso sea interesante para cualquier persona, incluso para la chica que te gusta.

Convertirte en un hombre alfa no implica que tengas que hacer surf, dejarte melenas o ponerte dos pendientes. Tiene que ver más con tu mentalidad y tu forma de comportarte que con tus gustos. Sí que es cierto que hay cosas que deberías mejorar: si comes mal, deberías comer bien; si no lees, deberías leer, aunque aquello que leas, en realidad, ya dependerá de tus gustos. No tienes por qué leer un tipo de libro determinado, ni hacer un deporte en concreto, ni llevar un estilo de vida determinado. Al final, lo más importante es que tengas una pasión, un propósito, que seas una persona interesante, que tengas algo que ofrecerle al mundo.

Tu personalidad no se puede cambiar completamente. Pero sí se puede moldear. Puedes aprender a comportarte de una mejor manera que como hasta ahora. Si ya eres un total y completo hombre alfa que vive en la abundancia y tiene todas las mujeres que pudiera desear, probablemente no estés leyendo este libro; o quizás sí, quizás deseas reforzarte y refrescar esas ideas. Eso también está bien. Pero lo más probable es que desees mejorar en esta área y, por lo tanto, debes asumir que tu personalidad se puede moldear, se puede cambiar, y que al final tienes la capacidad de ir regulando creencias, comportamientos y actitudes que has tenido hasta ahora.

Por eso la idea de que seas tú mismo, si eres un hombre beta, no es un buen consejo. Debes tener la humildad y la capacidad para moldearte y transformarte a ti mismo; es decir, no tienes que convertirte en una persona diferente, sino en una versión mejorada de ti. No puedes cambiar tu vida, quién eres, tu físico o tu trabajo de un día para el otro ni hacerlo absolutamente. Es un proceso y, por lo tanto, necesita tiempo, esfuerzo, dedicación, foco y mucha perseverancia. Por eso es importante que sepas qué aspectos tienes que modificar y mejorar. Y eso es lo que pretendo enseñarte en este capítulo.

2. MODELOS DE HOMBRES ATRACTIVOS

A continuación, me gustaría analizar diversos modelos de hombres considerados atractivos por la mayoría de las mujeres. Si los analizamos en detalle, veremos que en su totalidad cumplen algunas de las características básicas que hemos señalado en el primer capítulo, que trataba sobre la psicología evolutiva.

En primer lugar, tenemos al héroe valiente, que puede estar representado por personajes como James Bond o Indiana Jones. Se trata de héroes audaces siempre dispuestos a enfrentar el peligro y a luchar contra los malos para, finalmente, salir victoriosos. ¿Qué es lo que atrae a las mujeres del héroe valiente? Un hombre valiente tiene capacidad de protección. El valor es una de las características que necesita un hombre que desee proteger a su familia y, por lo tanto, el hombre valiente siempre va a ser más atractivo que el hombre cobarde.

Muchos héroes valientes, además, cuentan con otras cualidades: son guapos y carismáticos y tienen inteligencia social. Pero su característica principal es el valor. Pensemos esto en términos de psicología evolutiva: hace un millón de años, cuando nuestros antepasados tenían que enfrentarse en la selva o la sabana contra depredadores más fuertes, los hombres valientes eran los que defendían a su familia. Dicho de otra manera, a la mujer no le interesa un hombre cobarde que huya y no se quede a defenderla si va a ser atacada por un tigre o cualquier otro animal salvaje. Por lo tanto, la valentía es una cualidad que genera atracción. Y por eso se ha creado una serie de estereotipos en el arte, el cine o la literatura que representan este modelo de héroe valiente. Porque la evolución ha hecho que el valor sea una cualidad valiosa para las mujeres.

En segundo lugar, podríamos hablar del caballero de armadura brillante a partir de personajes como el rey Arturo o el príncipe Encantador, que encontramos en los cuentos de hadas y son nobles, es decir, tienen estatus. Arturo ocupa el lugar de rey, que en la sociedad medieval era la persona con mayor estatus social. Eso le aseguraba poder, respeto, dinero y la mayor capacidad posible para proteger a su familia, al estar en la cúspide social. Así, es lógico que en una sociedad medieval todas las mujeres hayan querido ser reinas, ya que les otorgaba el mayor estatus social posible y garantizaba que sus hijos tuvieran protección y, además, los mejores médicos y la mejor educación.

Además, estos personajes como el rey Arturo son honorables, son hombres valientes que tienen honor, es decir, son personas de las que te puedes fiar, generan confianza, y esa es también una cualidad valorada por muchas mujeres. El modelo del caballero de armadura brillante es algo que hemos visto repetido hasta la saciedad en innumerables películas y libros porque, dentro de la psicología femenina de la seducción, es uno de los modelos que genera mayor atracción.

Otro modelo que también es atrayente para la mayoría de las mujeres es el del rebelde misterioso. Tenemos, por ejemplo, a James Dean en la película *Rebelde sin causa* o a Marlon Brando en *Un tranvía llamado deseo*. Son personajes rebeldes, carismáticos y misteriosos. El rebelde primero es fuerte, ya que tiene valor para oponerse a la mayoría de la sociedad y sigue sus propias reglas. Y, al ser rebelde y no seguir las convenciones sociales, es capaz de generar profundas emociones en la mujer. Es decir, el rebelde misterioso es un hombre excitante, capaz de generar emociones. Y la mujer desea sobre todo dos cosas del hombre: primero, protección, o sea, que el hombre provea para ella y sus hijos; segundo, emociones, que sea capaz de generar emociones excitantes en ella. Quiere un hombre que no sea aburrido, que sea divertido y que sea capaz de generar esas profundas emociones. El rebelde misterioso es un hombre emocionante, y por eso genera atracción en las mujeres.

Luego tenemos, por ejemplo, el modelo del galán romántico: Mr. Darcy, en *Orgullo y prejuicio*, o Rhett Butler, en *Lo que el viento se llevó*. El típico galán romántico es apasionado, es decir, es capaz de generar emociones en la mujer, es persistente y no se rinde ante la primera negativa, sino que tiene la paciencia, la autoconfianza y las habilidades sociales necesarias para persistir en su propósito de seducir a la mujer por la que se siente atraído. Es capaz de crear emociones profundas en las mujeres. Expresa sus sentimientos con gestos románticos. Es el típico hombre que lleva a una mujer a cenar a un sitio maravilloso, que sabe bailar y conversar, que es gracioso y seguro de sí mismo. Y todas esas son cualidades que activan el sentimiento de atracción en la mujer.

Otro modelo de galán típico es el del intelectual carismático. Podemos poner como ejemplos a Sherlock Holmes o a Indiana Jones cuando está fuera de sus aventuras. Es un hombre intelectual, inteligente, astuto, erudito, culto; en otras palabras, es un hombre interesante. Ya hemos dicho que la inteligencia es una de las cualidades que más valora la mujer; por lo tanto, el hombre inteligente (no me refiero a una inteligencia erudita, sino práctica) es un hombre que tiene carisma, grandes propósitos y es capaz de vivir aventuras.

Luego tenemos otro modelo, que es el del protector fuerte; por ejemplo, Aragorn, de *El señor de los anillos*. Son hombres protectores, leales, líderes y guardianes. El líder, el hombre poderoso, es codiciado por muchas mujeres porque tiene la fuerza necesaria para generar esa protección y para proveer, y tiene ese liderazgo, esas habilidades sociales y ese estatus que lo hacen tan atractivo.

Tenemos también el chico malo con un corazón de oro. Pero ¿por qué es atractivo el hombre malvado? Porque es fuerte, y la fuerza interior genera atracción. Cuando un hombre es fuerte interiormente, es más fácil que una mujer se sienta atraída por él. Tenemos, por ejemplo, a Han Solo en *Star Wars*, que aparentemente es malo, o a Damon Salvatore, en *Los diarios vampíricos*. Pueden tener un exterior duro, pero en el fondo son suaves y vulnerables, es decir, es el malo que aparenta que es malo, pero en realidad no lo es. Y a la mujer le causa un enorme placer descubrir esa parte bondadosa del chico malo.

Luego tenemos el encantador divertido, que podría ser, por ejemplo, Tony Stark, en *Iron Man*, o Jack Sparrow, en *Piratas del Caribe*. Es un hombre ingenioso y carismático, a veces es cómico o irónico, pero tiene una gran profundidad de carácter. Se trata de un hombre que tiene inteligencia y sentido del humor, una habilidad social de gran valor.

Otro tipo de hombre atractivo es el del soñador apasionado, como Jay Gatsby, en *El gran Gatsby*. Son hombres visionarios y apasionados que persiguen un ideal o un sueño inalcanzable. El idealista cuenta con un gran atractivo porque tiene un objetivo y lucha por él. Suele tratarse de algo motivador, estimulante y visionario, interesante para la compañera que esté dispuesta a seguir ese ideal.

También tenemos el hombre de honor, como Atticus Finch, en *Matar a un ruiseñor*. Son hombres rectos y éticos que luchan por lo que es correcto, independientemente de las consecuencias personales, es decir, son hombres de fiar. Un hombre con buenos valores éticos y una gran rectitud moral es alguien de quien uno se puede fiar y, por lo tanto, la mujer se sentirá atraída por él de manera natural.

3. CONFIANZA

El atractivo de un hombre no se limita a su apariencia física. De hecho, muchos estudios indican que las características mentales y de personalidad son más importantes que el físico. Dentro de las cualidades que debería tener un hombre atractivo, la primera es la confianza. Una persona que crea en sí misma, sin caer en la arrogancia, tiende a ser atractiva. La confianza puede manifestarse en la forma en que alguien camina, habla o enfrenta desafíos.

¿Cómo puedes mejorar tu autoconfianza como hombre? En primer lugar, con el autoconocimiento. Tómate el tiempo que necesites para reflexionar sobre tus fortalezas y debilidades. Reconocer tus capacidades te ayudará a sentirte más seguro en diversas situaciones. Todas las personas tienen cualidades positivas, más o menos desarrolladas. Pero, si no eres consciente de cómo eres, si no te conoces a ti mismo, es imposible que tengas confianza en ti. Toda sabiduría interior comienza con el autoconocimiento de uno mismo.

Hay otro aspecto fundamental que te generará confianza: la mejora de tus habilidades sociales. Practica el arte de la conversación, habla con personas de todo tipo. Escucha de forma activa y aprende a leer las señales no verbales de los demás. Estar cómodo en sociedad aumenta la confianza. Muchos hombres tienen baja autoestima y poca confianza en sí mismos, de modo que cuando están con otras personas no saben cómo comportarse. Si eres capaz de mejorar tus habilidades sociales, tu confianza aumentará de forma impresionante.

Cuida tu apariencia física, mantén una buena higiene, vístete de manera que te sientas bien y sigue un régimen regular de ejercicio, haz deporte. Sentirte bien con tu apariencia puede aumentar la confianza en ti mismo. Es más fácil que un hombre tenga confianza si hace deporte, se cuida, es atractivo, se ve bien ante el espejo y tiene una buena apariencia.

Fíjate metas y alcánzalas. Establece al principio metas pequeñas que sean fáciles de lograr, ya que cumplirlas te dará un impulso de confianza. Esas victorias acumuladas pueden tener un gran impacto en tu autoestima.

Además, te recomiendo que te rodees de personas positivas. La gente que te apoye y crea en ti puede reforzar tu autoimagen. Evita a aquellos que te menosprecien o critiquen constantemente. Muchas personas que han seguido un proceso de crecimiento personal se han visto obligadas a abandonar a sus amigos, incluso a familiares cercanos, para poder mejorar. Las personas negativas te sabotean, minan tu autoconfianza, no te animan a seguir tus sueños y son un obstáculo que debes apartar de tu vida. Si no eres capaz de conseguir un entorno de personas positivas a tu alrededor, es mejor estar solo que estar rodeado de personas que te limitan.

Habla positivamente de ti mismo. Practica la autoafirmación y evita la autocrítica. Reconoce tus logros y recuérdate a ti mismo tus capacidades. La forma en que nos hablamos a nosotros mismos es fundamental. Muchas personas tienden a pensar: «No soy gran cosa, valgo poco, no he hecho nada». Pero, si solo te fijas en tus defectos y en aquello que no has logrado, perderás la confianza en ti mismo, y eso reducirá mucho tu atractivo.

Aprende de los errores y no te castigues por ellos, úsalos como oportunidades de aprendizaje. A un error no lo llames *error*, llámalo *maestro*, porque te va a enseñar a mejorar como persona. Te ayudará a enfrentarte a futuros desafíos con más confianza.

Desarrolla habilidades y adquiere conocimientos. Aprende un nuevo idioma, una habilidad técnica o un *hobby*. Aprende a bailar, a cantar, a esquiar, a hacer surf, practica un deporte. El acto de aprender y dominar algo nuevo puede aumentar tu confianza.

Practica la asertividad. Aprende a expresar tus opiniones y deseos de una manera que respete a los demás, pero que también te permita ser auténtico. Debes tener la habilidad social para saber cuándo y cómo puedes expresar tus opiniones. Hay temas delicados de hablar, como la religión o la política, que es recomendable tratar solo en ciertos entornos, con personas con las que se tenga mucha confianza. En una situación social, tienes que ser capaz de hablar de cosas que hagan sentir bien a la mayoría de las personas que están allí, ya que eso las hará saber que tienes habilidades sociales.

Si la falta de confianza es un problema persistente, considera la posibilidad de trabajar con un terapeuta o un *coach* de vida para que te ayude a desarrollar las estrategias necesarias para superarlo. Muchas veces la confianza nos falla porque en nuestra familia nos han generado una autoimagen pobre de nosotros mismos, han cuestionado nuestros sueños y han puesto frenos a nuestro crecimiento personal. Si esos problemas son profundos y llevas muchos años con ellos, quizás lo mejor sería que te pusieras en manos de un profesional que te ayudara a superarlos.

Recuerda que la confianza depende de ti mismo, no de los demás. Al final eres tú el que deberá ser capaz de autopercibirse como un hombre de valor. Si tú mismo no lo crees, será imposible que se lo transmitas a otras personas. Tu confianza, que debe ser genuina, auténtica y real, tiene que transformarse en un proceso constante que no se detenga. Por lo tanto, te recomiendo que te centres en mejorar tu confianza porque eso te hará un hombre más atractivo.

4. INTELIGENCIA

La inteligencia, en muchas de sus formas, es una cualidad que puede mejorar tu atractivo personal. A continuación, quiero darte una serie de consejos que te ayudarán a mejorar tu inteligencia, y eso, sin lugar a duda, te convertirá en un hombre más atractivo para las mujeres.

Primero, lee constantemente. Lee libros. Dedica cada día por lo menos media hora o una hora a la lectura. Lee artículos y ensayos sobre temas variados, como sobre ciencia o literatura clásica y actual. Esto no solo mejorará tus conocimientos, sino también tu vocabulario y capacidad crítica. La lectura es el alimento fundamental de la inteligencia. Por lo tanto, deberías aficionarte a ella. Busca un género que te guste —como la ciencia ficción o la literatura de misterio— y un autor que te apasione. No te fuerces a leer cosas que te desagraden, ya que la lectura tiene que ser algo placentero y, si no lo es, acabará siendo una «tortura». Si no tienes el hábito, desarróllalo.

Inscríbete en clases o cursos *online*, en áreas que te interesen y en las que sientas que te falta conocimiento. Puedes hacer cursos acerca del mejoramiento de habilidades sociales o de seducción, pero también capacitaciones profesionales que te ayuden a ser un mejor profesional. Hay muchas plataformas *online*, como Coursera o Udemy, que cuentan con muchísimos cursos a un precio reducido. Dedica cada día también un breve período de tiempo a formarte. Hoy en día, con la transformación tecnológica que estamos viviendo, la formación es más importante que nunca. Si las mujeres ven que eres un hombre que está formándose constantemente, eso aumentará tu atractivo.

Únete a clubs de debate o grupos de discusión para practicar el arte de argumentar y defender tus puntos de vista. Eso mejorará tu pensamiento crítico y tu capacidad de expresión. Debatir y hablar mejor es una habilidad social extraordinariamente importante. Cuanto mejor sepas hacerlo, mejor sabrás relacionarte con otras personas, y tus habilidades sociales aumentan tu atractivo de una manera fundamental. Esto es algo que una mujer aprecia muchísimo: la capacidad para debatir y discutir de forma argumentada acerca de temas interesantes.

Practica con rompecabezas, juegos de lógica o aplicaciones que desafíen tu mente, como sudokus, crucigramas o ajedrez. Al final, este tipo de juegos son una gimnasia mental que te ayudará a desarrollar tus cualidades intelectuales.

Aprende un nuevo idioma. El proceso de aprendizaje de un nuevo idioma puede aumentar la plasticidad cerebral y mejorar la memoria y la concentración. Un nuevo idioma te abrirá nuevas posibilidades de conocer a más gente, más oportunidades profesionales y aumentará tu valor como hombre. Imagina, por ejemplo, que conoces a una chica que tiene familia en Estados Unidos y quiere ir allí a celebrar una boda de un familiar. Sería mucho mejor que pudieras acompañarla si supieras hablar inglés. Hablar ese o cualquier otro idioma hace que seas un hombre de mayor valor social y más atractivo.

Escribe regularmente. Mantén un diario, escribe ensayos o incluso comienza un blog. Eso te puede ayudar a organizar tus pensamientos, a mejorar tus habilidades de escritura y expresión. Escribir es también un alimento fundamental de la inteligencia.

Viaja cuando sea posible. Viajar te expone a nuevas culturas, ideas y formas de pensar. Si no puedes hacerlo físicamente, explora documentos o libros de distintas culturas. Un hombre que ha viajado mucho habrá visto una gran cantidad de cosas y podrá compartir esas experiencias con la mujer por la cual se siente atraído. En general, las mujeres aman viajar, de modo que un hombre que ha viajado ya ha vivido experiencias que a ella le gustaría compartir con él. Ser un hombre de mundo es algo que aumentará tu atractivo.

Cultiva la curiosidad. Siempre que te encuentres con algo que no entiendas, tómate un momento para investigar y aprender sobre ello. Mantente abierto a nuevas ideas y perspectivas. Mira vídeos en YouTube, escucha pódcast, mantente al día de las noticias, los debates políticos, las tendencias y los nuevos descubrimientos. Todo eso hará que dispongas de variados temas de conversación y seas un hombre más interesante e inteligente.

Asiste a conferencias y seminarios. Estos eventos pueden ser una excelente manera de expandir tu conocimiento y un gran sitio para conocer a personas interesantes. Es una manera de socializar, de aprender y de ampliar tu mente y tus conocimientos.

Medita. La meditación puede mejorar tu capacidad de concentración y tu claridad mental, lo que a su vez puede mejorar la inteligencia emocional y la capacidad para mantener conversaciones profundas. La meditación es una práctica que te ayudará a controlar tus emociones, a reducir el estrés y a mejorar tu autoconocimiento. Y esas son cualidades que sin duda te harán más inteligente y, por lo tanto, más atractivo.

5. HUMOR

Como ya hemos comentado, el humor es una de las características fundamentales de todo hombre atractivo. Por lo tanto, desarrollar el sentido del humor te hará aumentar tu valor en el mercado del amor.

Una de las primeras cosas que deberías aprender es a reírte de ti mismo. La autocrítica saludable puede ser una fuente de humor, y mostrar que no te tomas demasiado en serio puede ser atractivo. Hay hombres que no aceptan ningún tipo de bromas sobre ellos y se ofenden. En realidad, al comportarse así lo único que están revelando es su baja autoestima y su falta de sentido del humor. La capacidad de no tomarse demasiado en serio a uno mismo es una cualidad propia de un hombre alfa. Por lo tanto, no debes avergonzarte, violentarte o enfadarte si alguien hace alguna broma sobre ti. Por el contrario, debes demostrar que tienes la capacidad para reírte de ti mismo con otras personas. Esta es una cualidad que denota seguridad y autoconfianza.

Por otro lado, si quieres desarrollar tu sentido del humor, puedes mirar películas de comedia, escuchar monólogos y observar a personas graciosas. Esto quizá te ayude a entender el ritmo y los patrones que usan para hacer reír. Aprende de personas que lleven mucho tiempo cultivando el humor. Al final, hacer reír a los demás es una habilidad social valiosa que se puede aprender, como todo lo demás. Si eres capaz de fijarte en las cualidades que tienen los maestros del humor, podrás desarrollar más tu sentido del humor.

Otra cosa que podrías hacer es leer libros o artículos y ver programas donde haya diferentes tipos de humor, desde la ironía hasta el sarcasmo y los juegos de palabras. Hay muchas clases de humor: la ironía suele implicar un sentido del humor inteligente, mientras que el sarcasmo es más cáustico y quizás pueda hacer más daño a las personas. Los juegos de palabras también indican inteligencia por parte de quien los sabe utilizar. Puedes leer libros de chistes o monólogos.

Como ya te mencioné, el humor es una habilidad que puede ser desarrollada. Mejora con la práctica, como todo lo demás. Prueba a contar chistes o anécdotas con amigos y familiares. Y observa sus reacciones. No todo funcionará, pero es parte del proceso. Después, puedes explotar y utilizar con otras personas aquellos chistes o historias graciosas que veas que han funcionado.

Sin embargo, el humor también puede ser una espada de doble filo, y por eso es importante que evites que sea dañino. Chistes a expensas de otros o que perpetúen estereotipos negativos contra minorías raciales, étnicas o culturales pueden resultar ofensivos. Busca un humor que una a las personas en lugar de dividirlas. Hay quienes se pueden sentir ofendidos por chistes o historias que escondan estereotipos racistas o xenófobos. Por lo tanto, evita ese tipo de humor, que puede volverse en tu contra.

Ser un buen oyente te permitirá captar las reacciones de los demás y ajustar tu enfoque. Además, el humor a menudo surge de la conversación y de las situaciones cotidianas. Mira qué situaciones hacen reír a las personas que te rodean y, a partir de ahí, podrás generar historias que sean originales, entretenidas y graciosas. La capacidad para pensar rápido te ayudará a encontrar el humor en situaciones inesperadas. Juegos de palabras, acertijos o juegos mentales podrán ayudarte a desarrollar esta habilidad.

También es importante ser auténtico. No fuerces el humor. Es más natural y atractivo cuando surge de manera espontánea y genuina. Quizás al principio necesites aprender chistes o historias graciosas porque todavía no hayas desarrollado la habilidad del humor. Sin embargo, a medida que pase el tiempo, vayas ganando confianza y adquieras más experiencia en este ámbito, serás capaz de integrarlo en tu propia personalidad y podrás ser más auténtico, natural y gracioso. El mundo está lleno de situaciones y observaciones cómicas. Si tienes una mentalidad curiosa u observadora, podrás encontrar humor en los lugares más inesperados.

Recuerda: si un chiste o un comentario no es bien recibido, quizás las personas no te lo digan con sus palabras, pero sí con su lenguaje no verbal. En esos casos, reflexiona sobre por qué no funcionó y ajusta tu enfoque en el futuro. No todos tienen el mismo sentido del humor. La clave es saber adaptarte y estar dispuesto a aprender. El humor es, sin lugar a duda, uno de los elementos más atrayentes de la personalidad. Si eres capaz de desarrollarlo, mejorarás muchísimo tu valor como hombre y resultarás más atractivo para las mujeres.

6. EMPATÍA

Una de las cualidades psicológicas más importantes que tiene un hombre alfa es la empatía, que es la habilidad de comprender y compartir los sentimientos y emociones de otra persona. Es una cualidad valiosa porque puede enriquecer nuestras relaciones y mejorar las conexiones interpersonales.

Una de las maneras de desarrollar la empatía es mediante lo que se llama *escucha activa*. Muchas personas cometen el fallo de hablar sin parar, por lo que no dejan que lo hagan los demás; no los escuchan porque, en realidad, no les interesa nada de lo que están diciendo y solo se preocupan por sí mismas. Puedes practicar la escucha activa con cualquier persona, sobre todo con una mujer que te interese desde un punto de vista amoroso. Si eres capaz de escucharla sin interrumpirla y sin pensar en tu respuesta mientras la otra persona aún está hablando, y prestas toda tu atención a lo que está diciendo, lograrás que la mujer se sienta cómoda contigo y generarás una conexión emocional más profunda. Las mujeres suelen hablar más que los hombres y por eso valoran mucho a alguien que las escuche.

Si quieres desarrollar tu empatía, debes evitar juicios precipitados. Antes de formar tu opinión o emitir un juicio, intenta comprender la perspectiva y situación de la otra persona. Podemos tender a juzgar o a censurar a una persona sin conocer su personalidad, su historia personal, su infancia, sus padres, su evolución o sus circunstancias personales. Para poder emitir un juicio sobre alguien, tiene que haber un conocimiento lo más profundo posible porque, de lo contrario, solo estaremos juzgando a partir de prejuicios. Por lo tanto, tienes que escuchar y juzgar con conocimiento de causa.

Para poder hacer lo anterior, es recomendable que te pongas en el lugar de la otra persona porque, en definitiva, en eso consiste la empatía. Imagina cómo te sentirías si estuvieras en su situación; esto puede ayudarte a comprender mejor sus emociones y reacciones. La otra persona hace lo que hace por algo, así que no puedes juzgarla según tus categorías y tu visión del mundo. Por ejemplo, si vives en una ciudad de un país europeo, no puedes juzgar de la misma forma a una persona que vive en un pueblo dentro de un país subdesarrollado porque la cosmovisión o las experiencias que tenga serán diferentes de las tuyas. Si hubieras vivido la misma vida que esa persona, quizás tu manera de ver el mundo sería como la de ella. Tienes que intentar ponerte en el lugar del otro y entender que al final somos herederos y el resultado de nuestra historia personal, del ambiente y de las experiencias que nos han tocado vivir.

También es importante que observes el lenguaje no verbal. Muchas veces las emociones y sentimientos se comunican a través del lenguaje corporal, la expresión facial y el tono de voz. Así, aprender a leer dichas señales puede hacer que comprendas de manera más profunda lo que alguien está sintiendo. Por desgracia, muchas personas no escuchan a los demás ni los observan. Gran parte de la comunicación no sucede a través de las palabras, sino por medio de gestos, el tono de voz, las miradas… con el lenguaje del cuerpo. Debes convertirte en un experto en lenguaje no verbal. Ese es un superpoder para un seductor, para un líder y para cualquier persona que quiera tener éxito en sus relaciones con las demás personas.

Haz preguntas. Si no comprendes algo, pregunta. Preguntar no es indicativo de ignorancia, sino de humildad. Solo no pregunta aquel que cree que lo sabe todo. Cuando le preguntas a otro, le das la posibilidad de expresar sus conocimientos, si sabe algo que tú no sabes, y eso es algo que siempre le causa satisfacción a la mayoría de la gente. Muestra que te importa y que estás interesado en entender mejor lo que la otra persona te está diciendo. Hacer preguntas indica capacidad de escucha e interés por comprender al otro. Por lo tanto, practica realizando preguntas abiertas que te ayuden a profundizar en lo que te está diciendo la otra persona.

También es recomendable practicar la autorreflexión. Reflexiona sobre tus propias emociones y respuestas. Al entender mejor tus propias emociones, puedes desarrollar una mayor capacidad para comprender a otras personas. Si los demás tienen miedo o sienten inseguridad, intenta imaginar una situación donde te haya sucedido lo mismo. Habrá alguna que se parezca en determinado aspecto a lo que te estén contando. Así, si eres capaz de buscar similitudes y situaciones parecidas en tu vida, en tu historia personal, conseguirás comprender mucho mejor a la persona con la que hables.

Amplía tus experiencias. Interactúa con personas de diferentes culturas, lugares, antecedentes y visiones del mundo. Cuanto más diversa sea tu experiencia, más fácil será comprender y empatizar con una gran variedad de puntos de vista. En esto ayuda mucho viajar y conocer personas de otros lugares y culturas. Si tienes la oportunidad de moverte en un ambiente internacional con personas de distintos países, hazlo: puede ser enriquecedor para ti y te ayudará a comprender las visiones acerca de la vida que hay en diversos sitios del mundo.

Practica la amabilidad. Un simple acto de amabilidad puede llegar lejos en la creación de un puente de entendimiento y conexión entre tú y los demás. Haz favores. Ayuda a las personas, pero hazlo de manera desinteresada, sin esperar nada a cambio. No ayudes solo a la chica que te gusta: ayuda a la chica que te gusta, a la que no te gusta, a tu amigo, a tus familiares, a un desconocido. Ser una persona amable, educada y atenta es algo que una mujer verá en ti cuando te relaciones con otros, y cada una de esas cualidades aumentará tu atractivo. No sirve ser amable con la chica que te gusta y ser antipático con todos los demás. Debes ser congruente, es decir, amable con todas las personas. Si lo haces, tu valor como hombre aumentará de forma espectacular.

7. AMBICIÓN

Establece metas claras. Define lo que quieras lograr a corto, mediano y largo plazo. Tener objetivos te da un sentido de propósito y dirección. Escríbelos: hacerlo te ayudará a fijarlos de manera más clara en tu mente. Los objetivos a largo plazo tienen que ver con tu visión sobre la vida que quieres. Los objetivos a mediano plazo son como paradas intermedias entre los objetivos a largo y corto plazo. Los objetivos a corto plazo, por su lado, son los pasos que tienes que dar hoy para lograr esos objetivos más grandes a largo plazo. Cuanto más grande sea el objetivo, más necesitarás dividirlo en otros más pequeños para poder lograr tus propósitos.

Rodéate de gente ambiciosa. Hemos leído en muchos libros de crecimiento personal que eres la media de las cinco personas con las que más te relacionas. Y siempre he creído que esta idea es falsa. Puedes relacionarte con tu esposa, con tu madre, con tus hijos o con compañeros de trabajo que no compartan tus valores, y esas personas no tienen por qué fijar tu nivel. Pero sí es cierto que los que nos rodean nos influyen si dejamos que lo hagan, o lo contrario: a tu alrededor puede haber algunas personas que no sean ganadoras, y tú sí puedes serlo. Al final dependerá de ti, no de quienes te rodeen. Eso no niega que conocer gente ambiciosa pueda inspirarte, retarte e impulsarte hacia adelante. Por lo tanto, tener un entorno adecuado, como en cualquier otro aspecto de tu vida, es fundamental.

Sé determinado. No te rindas con facilidad. Aunque enfrentes obstáculos, muestra resiliencia. Las mujeres aprecian a alguien que persiste a pesar de las adversidades. No te rindas. Un hombre ambicioso no se rinde ante el primer obstáculo, ya que cada uno es una oportunidad para su crecimiento personal. Por lo tanto, debes saber que, cuanto más grandes y difíciles de lograr sean tus objetivos, mayores serán los obstáculos que tendrás que enfrentar. Pero solo podrás vencerlos si muestras una determinación total, completa y sin ninguna clase de duda.

Planifica tus propósitos. Tener un plan de acción para lograr tus metas demuestra que estás comprometido en alcanzarlas. En ese sentido, organizar tu tiempo y recursos de forma efectiva permitirá que te acerques más a ellas. No puedes ser ambicioso sin un plan, que implica planificar, organizar y tener un mapa sobre aquello que quieres lograr y cómo hacerlo. Te invito a que planifiques de forma escrita, es decir, que tengas una estrategia para lograr aquello que te propones conseguir.

Asume responsabilidad por tus acciones y decisiones. Es una señal de madurez y de ser confiable. Un líder se responsabiliza de su propia vida. Una persona ambiciosa también debe hacerlo. El cobarde, la persona que no es líder o el seguidor solo quiere quitarse la responsabilidad de sus actos y entregársela a otros. El líder, en cambio, asume la responsabilidad plena y total de su vida. Y, aunque haya muchas circunstancias que no seas capaz de controlar, puedes asumir que no eres una víctima y aceptar que eres el protagonista principal de tu vida.

Si quieres ser ambicioso y lograr tus propósitos, también necesitas desarrollar habilidades de liderazgo. Toma la iniciativa en proyectos y actividades y muestra habilidad para guiar y motivar a otras personas. Un líder natural atrae la atención y el respeto de quienes lo rodean. Debes inspirar con tu ejemplo a los demás y tienes que ser la persona que hace que las cosas sucedan. El líder no tiene una actitud pasiva, sino proactiva. El seguidor espera a que los otros actúen. Tú debes, como persona ambiciosa, responsabilizarte de tus actos y ser el que haga que las cosas ocurran.

Muestra pasión, ya sea en tu carrera, aficiones o relaciones. Mostrar pasión por lo que haces es contagioso y atractivo. Las mujeres se sienten atraídas hacia hombres que están apasionados y entusiasmados por lo que hacen.

Recuerda, además, que la autenticidad es clave. Desarrolla ambición por ti mismo y por tus propios deseos, no solo para atraer a las mujeres. Las personas pueden percibir cuando alguien es genuino, y eso es, en sí mismo, atractivo.

8. HONESTIDAD

Para un hombre alfa, la honestidad es una cualidad fundamental. Ser honesto implica ser verdadero, auténtico y sincero en nuestras palabras, acciones y decisiones. Es la disposición a decir la verdad y actuar sin engañar ni defraudar a otros. La honestidad implica la ausencia de mentiras, fraudes o engaños. Tiene que ver con la veracidad, con decir siempre la verdad, al margen de las consecuencias que pueda acarrear. También se relaciona con la integridad, es decir, con actuar de acuerdo con principios éticos y morales, incluso cuando nadie esté mirando. Un hombre honesto es transparente, claro y abierto acerca de sus intenciones, pensamientos y sentimientos.

El hombre beta engaña a las mujeres que quiere conquistar. Finge ser algo que no es. Simula ser amigo de la mujer con la que en realidad quiere acostarse porque piensa que esa es la mejor forma de aproximarse a ella. Pero en realidad es falso y manipulador.

El hombre alfa es transparente. Si una mujer le gusta, no tiene ninguna vergüenza en demostrárselo con sus actos y sus palabras. Además, el hombre alfa es responsable. Asume la responsabilidad de sus acciones, incluyendo admitir errores y buscar enmendarlos. Esa es una de las características fundamentales de la honestidad, pero esta no sirve para nada si se basa en acciones aisladas, de modo que hay que mantener una consistencia, una coherencia entre lo que se dice y lo que se hace. No sirve de nada fingir con tus palabras ser de una determinada forma y que después tus actos demuestren otra cosa. La honestidad es la ausencia de engaño, es no ocultar, distorsionar o manipular la verdad para beneficiarse uno mismo o dañar a los otros.

La honestidad es una cualidad que, como todas las demás, comienza con el autoconocimiento, con una reflexión sobre tus valores, creencias, objetivos y propósitos. No puedes ser sincero contigo mismo si no sabes quién eres y qué quieres en la vida. Un hombre honesto es franco y directo, pero también respetuoso al comunicarse. Evita ocultar sus pensamientos o sentimientos, aunque los expresa de manera empática, educada e inteligente. Reconoce sus errores porque entiende que nadie es perfecto, los admite incluso en público y trabaja para mejorarlos. No exagera. No es un fantoche que pretende ser algo que no es. No infla sus logros o capacidades. Es humilde y permite que sean sus acciones las que hablen por sí mismas y que sean los demás quienes lo avalen, quienes lo elogien.

Evita las mentiras. Aunque pueda parecer obvio, es vital evitar decir mentiras, incluso pequeñas mentiras. La confianza que se gana con mucho tiempo puede perderse en un instante por culpa de una mentira piadosa. El hombre honesto escucha de forma activa, demuestra respeto y sinceridad en sus interacciones y trata de entender y respetar los sentimientos y perspectivas de los demás, sobre todo los desacuerdos. Tú puedes estar en desacuerdo con un hombre alfa, pero eso no tiene por qué llevarte al enfrentamiento o a poner fin a vuestra relación de amistad o profesional, porque se puede discrepar desde la educación y con una inteligencia emocional que permita expresar ideas contrapuestas sin que eso ponga en peligro la relación.

9. HOMBRE BETA

El condicionamiento social y cultural nos ha inculcado ciertas creencias, reglas y paradigmas sobre cómo debe funcionar el mundo. Estas normas a menudo se convierten en dogmas, de manera que cuestionarlos suele ser mal visto. Vivimos en una sociedad donde la censura está presente y decir algo que va en contra de la norma puede conducirte al ostracismo. Puedes ser *cancelado* por ir en contra de ella.

Si nos fijamos en cómo la sociedad o la cultura imperante en los países occidentales percibe la atracción, veremos que la percepción mayoritaria es beta. La visión beta de la atracción nos sugiere que es bueno que un hombre envíe mensajes sin parar a su pareja y que debe ponerla siempre en primer lugar, algo que hemos visto innumerables veces en películas, series y canciones. Está también la idea arraigada de que, cuanto más tiempo pases con tu pareja, más va a quererte. Y eso tampoco es cierto, porque muchas parejas se acaban quemando por pasar demasiado tiempo juntas.

Cuando eres bueno con una mujer, pero no porque quieras serlo, sino porque solo te interesa tener una relación afectiva o sexual con ella, en realidad estás intentando manipularla y esconder tus verdaderas intenciones, lo cual es, en esencia, una forma de hipocresía. El hombre alfa, en cambio, no oculta sus intenciones. El hombre beta muchas veces se hace pasar por amigo de la mujer cuando en verdad lo único que quiere es seducirla. Lo que sucede es que se oculta y se convierte en el criado o el pañuelo emocional en el cual ella vomita sus problemas.

Esa es la trampa de la *friendzone*: algunos creen que, al ser primero amigos, la otra persona se dará cuenta de su valor como pareja. Muchos hombres, en vez de ser honestos y hacer ver a la mujer que pueden tener algo juntos, solo se dedican a convertirse en sus caniches, en sus amigos falsos, para intentar que más adelante surja algo. En verdad, lo que están consiguiendo es matar la atracción, porque un hombre alfa no se escondería ni ocultaría sus intenciones.

Hay una percepción equivocada de que mostrar interés genuino, sexual y afectivo por una mujer debe ser escondido. Pero eso no va a funcionar, porque en general las mujeres pueden sentir cuando un hombre está siendo deshonesto o tiene intenciones ocultas. La hipocresía no es atractiva y es vital ser auténtico en las relaciones.

La visión beta también puede llevar a los hombres a complacer a sus mujeres en exceso, hasta el punto de cambiar sus propios intereses y pasatiempos para que coincidan con los de su pareja. Esta complacencia puede llegar al extremo de abandonar las propias metas y ambiciones. Por ejemplo, si un empresario importante dejara de intentar mejorar el mundo porque quiere pasar más tiempo con su pareja, en vez de aumentar su atractivo, estaría disminuyéndolo. La visión beta sugiere que se debe priorizar a la pareja por encima de todo, incluso al costo de la autenticidad y las propias metas. Pero esto es equivocado. De hecho, lo que debes hacer es lo contrario: ponerte a ti y a tus metas primero. Solo cuando tengas claros tus propósitos y no te apartes de ellos para agradar a otra persona, conseguirás atraerla. Todo lo que las mujeres y la mayoría de la sociedad te dicen que tienes que hacer, en realidad, es equivocado. Si lo sigues, únicamente conseguirás convertirte en un hombre beta que no logre cumplir con sus propósitos.

10. HOMBRE ALFA

Ser un alfa se ha asociado con la idea de ser un líder, alguien seguro de sí mismo y con ciertas características para las mujeres. A lo largo del tiempo y de la historia, ha habido ciertos rasgos «eternos» que podemos identificar con los de muchos hombres alfa.

En primer lugar, tenemos la confianza en uno mismo, que tiene que ver con tu *mindset*, con tu mentalidad, y es, sin lugar a duda, uno de los elementos fundamentales. Al final, todo comienza con tu mentalidad. La mente crea la realidad, y una persona confiada crea una realidad que le favorece. La confianza genuina es atractiva, así que no puede ser impostada o falsa, ni ser una careta que te coloques para impresionar a la chica que te gusta. Tampoco se trata de ser arrogante, de ser un chulo, un maleducado o un prepotente, sino de tener seguridad en quién eres y lo que vales, en saber cuál es tu camino y seguirlo con pasión hasta el final. Por lo tanto, es importante trabajar tu autoestima y autoaceptación.

Un hombre alfa es íntegro y honesto, no es un manipulador emocional. Es fundamental la coherencia entre lo que dices y lo que haces. El hombre alfa tiene palabra, es una persona de la que te puedes fiar. Las personas confían y respetan a alguien que es honesto y tiene integridad. El hombre alfa no es un manipulador, no es un vampiro emocional ni un farsante, sino alguien que tiene palabra: puedes darle la mano para cerrar un trato y sabrás que va a cumplirla.

El hombre alfa también sabe comunicarse. Aprende a escuchar y expresa sus pensamientos y sentimientos de manera clara y respetuosa. Las mujeres aprecian a un hombre que puede mantener una conversación significativa. El hombre alfa es interesante hablando. Puedes hablar con él de todo y sabes que va a ser una persona razonable y que sus respuestas serán coherentes, interesantes y relevantes.

El hombre alfa, a diferencia del hombre beta, no depende de otras personas para sentir felicidad o validación: sabe que está dentro de sí mismo y reconoce su propio valor, de modo que no necesita que otros se lo otorguen. El hombre beta está siempre suplicando la atención y la validación de los demás, es una persona minusválida desde un punto de vista emocional. El hombre alfa, en cambio, es independiente y reconoce y gestiona sus emociones sin dejar que le controlen. Tiene metas y ambiciones en la vida que están orientadas hacia su propósito más profundo, y no es necesario que sean grandiosas o espectaculares, sino que lo apasionen y lo motiven. Gracias al contagio emocional, si tienes una pasión o algo que te interese, podrás hacer que las personas que estén a tu alrededor se interesen por ello. Y, si no lo hacen, conseguirás que te respeten, ya que las personas valoran y respetan a quienes tienen una pasión y luchan por ella.

Estar dispuesto a aprender y crecer tanto personal como profesionalmente demuestra madurez y un compromiso con el desarrollo personal. El hombre alfa siempre está aprendiendo. Y tiene la modestia y la humildad de saber que no lo sabe todo. Por lo tanto, siempre quiere mejorar, progresar y aprender. No es soberbio con sus conocimientos, sino que es humilde, porque es consciente de que desconoce más de lo que sabe.

El hombre alfa es capaz de ponerse en el lugar de los demás y es comprensivo. Esa es una cualidad atractiva que demuestra madurez emocional. No se pondrá a llorar porque una mujer le deje, sino que entenderá que eso forma parte de la vida y lo aceptará. El hombre alfa nunca será violento con una mujer; por el contrario, respetará sus opiniones, sentimientos y decisiones.

Un hombre alfa no necesita tener un cuerpo de modelo, pero debe cuidar su salud, hacer ejercicio de forma regular, comer bien y cuidar su apariencia. Se quiere a sí mismo, tiene una alta autoestima y, por lo tanto, trabaja para tener un físico y una salud emocional y física en estado óptimo. Trata a las mujeres y a todas las personas con respeto. No es alfa en el sentido de que domina a los otros, sino porque los demás le quieren seguir, ya que se sienten bien con él.

No es un imitador, es auténtico. No intenta ser alguien que no es para agradar a su mujer: si a ella le gusta el ciclismo y a él no, no se hará ciclista para agradarle, hablará con ella con sinceridad y le dirá que ese deporte no le interesa. Y la mujer respetará eso si se hace de una forma amable, educada y empática.

No teme ser vulnerable, muestra sus emociones y es honesto acerca de sus sentimientos. Esto, en contra de lo que piensa el hombre beta, no te hace débil, sino más humano y, por lo tanto, más atractivo. Además, no lidera con el terror y el miedo, sino con el ejemplo.

Si quieres ser visto como un líder o alfa, demuestra con acciones lo que predicas. No te compares con los demás. Tu viaje es único. No te midas por los estándares de otra persona o por lo que piensas que deberías ser. Tú eres lo que eres. Y tienes que seguir tu propio camino. Te puedes inspirar en lo que otros han hecho, puedes intentar emular a aquellos que han conseguido cosas valiosas en su vida, pero eres consciente de que tienes que seguir tu propio camino. Un hombre alfa, como una persona madura y segura de sí misma, es capaz de manejar el rechazo. Entiende que no todo el mundo va a estar interesado o de acuerdo con él. Y eso está bien. Aprende a manejar el rechazo con gracia, como una parte más de la vida. Un rechazo o un fracaso es una forma de aprendizaje y de mejora personal.

Un hombre alfa lee, se educa a sí mismo, viaja y tiene una mente abierta, y eso lo convierte en más atractivo. Prioriza su pasión, su salud, su libertad y sabe decir «no». Estamos acostumbrados a que las mujeres digan que no a las propuestas de los hombres, pero estos, en general, suelen ser poco selectivos, mucho menos que la mujer, en el amor. Y parece ser que el hombre, según el ideal romántico beta, tiene que decir «sí» a todo lo que su mujer diga. Pero decir «no», en vez de convertirte en una persona malvada y egoísta, te convierte en un alfa, en un líder. El hombre alfa tiene claros sus propósitos, deseos y valores. Por eso y porque no busca amoldarse a lo que piensan los demás, le es más fácil decir «no» a muchas cosas. Cuando sabes lo que quieres, puedes rechazar todo aquello que te aparte de tu camino. Y decir «no» no te hará antipático o perder valor o atractivo frente a la mujer, sino que aumentará tu valor en el mercado del amor. Una mujer necesita un hombre que le diga «no» en muchas cosas. De hecho, las mujeres van a probar muchas veces tu congruencia para que digas «no», no para que digas «sí».

Si tienes una pasión y un propósito y la mujer quiere que cambies tus ideas, tu pasión o tu propósito para amoldarte a ella y lo haces, estarás perdiendo tu atractivo. Por ejemplo, tienes determinadas ideas políticas y estás convencido de ellas, pero tu mujer tiene otras; en ese caso, si abandonas tus ideas para amoldarte a las de tu mujer, no estarás ganando atractivo, sino perdiéndolo: demostrarás que tus convicciones son débiles y que solo buscas agradarle a ella. Esto va en contra de lo que suele pensarse de manera intuitiva: «Si ella piensa una cosa y yo también, nos llevaremos mejor». Por el contrario, tienes que mantenerte firme en tus convicciones si crees en ellas. En ese sentido, no puedes ser un *hombre veleta*, que un día piensa una cosa y otro día piensa la contraria solo para buscar la aprobación de los demás o caerle bien y gustarle a una chica.

Debes encontrar un balance entre pasar tiempo con la mujer que te gusta y tu pasión. Un gravísimo error —es lo que hace el hombre beta— es dejar de lado tu pasión, tu propósito, tus amigos, tu familia, tu gimnasio, tu trabajo o tus *hobbies* para gustarle a ella. Si lo haces, estarás matando la atracción, no alimentándola.

Un hombre alfa puede ser romántico, incluso romántico como hemos visto en algunas películas, libros y series que manipulan a la mayoría de las personas. Pero aquí la clave es cuándo es romántico. El hombre beta cuando tiene una primera cita regala a la chica un ramo de flores y se la lleva a un buen restaurante de lujo. Es sumiso y «romántico», entre comillas, siguiendo aquello que ha visto en las películas y series. Pero en la vida real eso, en vez de provocar atracción, causa rechazo.

El hombre alfa, en cambio, no invierte tanto en una mujer que apenas acaba de conocer y hace una primera cita casual para conocerse y ver si esa persona le puede interesar. O sea, la mujer no se ha ganado el derecho a recibir un ramo de flores, ir a un restaurante caro o recibir un regalo. No se lo ha ganado *todavía*. Tiene que ganárselo. El hombre beta se entrega ya desde el primer día. El hombre alfa puede tener esos gestos románticos, pero cuando está justificado porque se ha generado una atracción real y sincera entre ambos. El hombre beta que pretende ser «romántico», en realidad, es un manipulador porque quiere comprar con regalos caros el amor de la mujer que le gusta.

El hombre alfa no quiere comprar su amor, desea conectar de una manera real, genuina, y va a invertir sus recursos en ella cuando se haya producido esa conexión. Por lo tanto, el error de los gestos románticos que hemos visto en las películas está sobre todo en el *momento* en el que se hacen. El hombre alfa entiende que esos gestos románticos se producen cuando ya hay una relación consolidada o que se va consolidando. Por el contrario, el hombre beta es poco selectivo y no entiende que, antes de hacer esos gestos que ha visto en las películas, necesita generar una conexión emocional con la mujer.

El hombre beta esconde sus intenciones. Intenta evitar entrar en el radar amoroso de su potencial pareja. Finge ser amigo de la mujer no porque quiera serlo, sino porque desea tener una relación. Así, cuando ya lleva tiempo teniendo una amistad con ella, desenmascara sus intenciones siguiendo el guion de alguna película romántica barata. Todo eso solo genera rechazo y asco en la mujer: primero, porque le mintió haciéndose pasar por su amigo cuando no lo era y tenía otras intenciones, y después, porque manifestó gestos románticos sin que antes haya habido una conexión como pareja entre ellos.

El hombre alfa, en cambio, le hace saber a la mujer desde el principio cuáles son sus intenciones. No pretende ser su amigo para manipularla, sino que demuestra lo que es y lo que quiere. De una manera clara y sin ambigüedades, le hace saber a la mujer que está interesado en ella, quien entonces decidirá si ese interés es mutuo o no. Pero el hombre alfa no es un manipulador como el hombre beta, que finge ser un amigo sin serlo y que quiere comprar el amor y el sexo de una mujer con gestos románticos que ha visto en novelas y películas de televisión.

Cuando el hombre beta ve que sus propósitos amorosos fracasan muchas veces, intenta recurrir a la pena: se graba llorando, envía un *email* a la chica que le gusta diciendo que se quiere suicidar o cualquier otra cosa patética para incitar pena en ella. Al hacer eso, lo único que está logrando es alejarla todavía más de él. O sea, intenta conseguir lo que no ha logrado con gestos románticos ridículos, buscando que ella sienta pena por sus emociones. En realidad, solo estará demostrando que es una persona inmadura.

El hombre alfa no llora porque una mujer lo rechace, entiende que eso forma parte del juego. Tampoco se muestra violento o resentido con la mujer que le gusta y lo rechaza. Sabe que hay muchas otras mujeres a las que les puede gustar. Y no pasa nada. O sea, no idealiza a esa mujer, no la pone en un pedestal, no piensa que sea la única que puede estar con él y que, si no está con ella, su vida no tiene sentido. La vida del alfa tiene un sentido por sí misma que forma parte de su yo más profundo. En cambio, el hombre beta no tiene una vida propia, sino que es un parásito emocional de otras personas y, por lo tanto, eso lo hace muchísimo menos atractivo. Se convierte en un hombre repulsivo para las mujeres. A pesar de que cree que está siguiendo las reglas de la sociedad y lo está haciendo, en realidad, esas reglas están construidas no para su éxito, sino para su fracaso como hombre.

El hombre alfa tiene opciones. No idealiza una relación que pueda tener con una mujer porque sabe que puede tener muchas otras más. Es un hombre de opciones. En cambio, el hombre beta vive en la escasez. El hombre beta sabe que, si está con una chica, tiene que aferrarse a ella porque lo más probable es que, si le deja, esté solo para siempre o por mucho tiempo. Por lo tanto, es un vampiro emocional que recurrirá a cualquier técnica de manipulación para lograr que esa chica que ha conseguido atrapar no le deje, pero solo estará logrando alejarla de él. Si un hombre ha sido rechazado por muchas mujeres y además presume de ello como hacen los hombres beta, estará matando la atracción de sus posibles parejas.

El hombre alfa tiene relaciones y experiencia, es una persona de opciones y, por lo tanto, ha sido preseleccionado por otras mujeres. Eso aumenta su atractivo. El hombre beta vive en el resentimiento hacia las mujeres que le han dejado en el pasado, mientras que el hombre alfa no habla mal de su ex, sino de las cosas buenas que han vivido juntos. No vive en el resentimiento y la escasez, sino que recuerda los buenos momentos y tiene una mentalidad de abundancia.

Es probable que, cuando una mujer te esté conociendo, tenga otras opciones, otros hombres con los que podría estar. Al hombre alfa eso no le molesta. El hombre beta, en cambio, la juzgará, pensará que es una mala mujer, que es una mujer fácil, que es una fulana. Se sentirá resentido y tendrá miedo de que esos hombres puedan arrebatarle la mujer con la que ha estado. El hombre beta es celoso, pero el hombre alfa no: es seguro de sí mismo y, si la mujer que le gusta decide irse con otro hombre, lo acepta como parte del juego.

El hombre beta tiene una relación con la primera mujer que se cruza por su camino porque es alguien sin opciones. El hombre alfa, en cambio, se lo va a pensar mucho antes de iniciar una relación con alguien porque tiene opciones, es valioso y lo sabe. Lo más probable es que, si entra en una relación, sea ella —antes que el hombre— quien dé el primer paso para aclarar que están juntos. Por lo tanto, si el hombre se siente cómodo y piensa que es una mujer de valor, puede tener una relación con ella. Por su lado, el hombre beta no es selectivo porque vive en la escasez y en la falta de opciones. Y, además, cuando entre en una relación soportará humillaciones y vejaciones, dado que sabrá que no podrá ir a ningún lado porque no tendrá nada mejor que hacer.

El hombre alfa hace un regalo no para manipular a la mujer, conseguir algo de ella o que se enamore de él, sino porque siente que le gustaría verla feliz en un momento dado. No es una forma de manipulación, sino de conexión. El hombre beta siente que, cuando le da un regalo a una mujer, ella le debe algo, cuando en realidad no le debe nada porque utiliza el regalo o su atención como una forma de manipularla.

La relación con un hombre alfa suele surgir de manera espontánea y normalmente suele ser ella quien quiere tener esa conversación para aclarar *qué son*. Al hombre alfa a veces le cuesta salir de esa situación o comprometerse porque tiene más opciones, pero, si le interesa la chica, dejará de ver a otras mujeres y entrará en una relación de forma natural. Si, cuando se plantea esta situación, el hombre alfa no quiere tener una relación, la deja ir, no la manipula, ni la engaña, ni ve a otras chicas a escondidas. Es sincero, claro y abierto porque no es un manipulador que vive en la mentira, sino que es sincero con aquellas personas que le rodean. No vale la pena hacerle daño a una mujer con la que ha compartido buenos momentos engañándola.

El hombre beta, en cambio, tiene una actitud más manipuladora hacia una mujer. Si ella está encaprichada en probarlo y solo quiere ver su congruencia, el hombre alfa tiene que decirle «no», ponerle límites o marcharse; no enfadarse con ella, sino limitarla. El hombre beta, en cambio, no entenderá ese berrinche, ese enfado de la mujer, de modo que se mostrará molesto o enfadado con ella, e incluso violento, y eso es algo que separa a un hombre alfa de un hombre beta.

CAPÍTULO 3. CÓMO SEDUCIR A UNA MUJER

1. POLARIDAD MASCULINA Y FEMENINA

Quiero hablarte de un tema que no encontrarás en casi ningún otro lugar. Desde luego, no lo verás en los medios de comunicación ni en los libros románticos, pero expresa una verdad esencial, eterna y universal que es fundamental que conozcas: la polaridad masculina y la femenina. Cuando hablo de polaridad, hago referencia a la energía, los comportamientos y los paradigmas culturales. Aunque se puede expresar de muchas formas, cuando hablamos de esto, estamos expresando arquetipos biológicos, culturales y simbólicos.

Lo importante es que entiendas el mensaje principal. En la naturaleza, y desde luego en las relaciones afectivo-sexuales entre los humanos, hay dos polaridades básicas: la masculina y la femenina. Y solo se alcanza una plena armonía y conexión entre dos personas cuando ambas polaridades son complementarias, es decir, cuando hay una fuerte polaridad masculina y femenina. Entonces es cuando se produce una unión perfecta y hermosa.

Todas las personas tienen una parte femenina y otra masculina; sin embargo, hay hombres que tienen una polaridad femenina. En otras palabras, una cosa es la polaridad y otra tu género. Son cosas distintas. Hay hombres-mujer, es decir, hombres heterosexuales que se sienten atraídos hacia las mujeres, pero cuya polaridad es femenina; y hay mujeres heterosexuales que se sienten atraídas hacia los hombres, cuya polaridad es masculina. Pero también hay parejas del mismo sexo en las que —si lo analizamos sin prejuicios y con una mentalidad abierta— uno de los dos tiene polaridad femenina, mientras que el otro tiene una polaridad masculina. Porque lo femenino y lo masculino se atraen. Así, puede haber una pareja conformada por dos hombres homosexuales, pero uno de ellos tendrá polaridad femenina, mientras que el otro la tendrá masculina. Lo hemos visto en innumerables parejas del mismo sexo y también en muchísimas parejas heterosexuales.

Para ser un hombre atractivo para la mayoría de las mujeres, debes tener una polaridad masculina fuerte. Cuanto más poderosa sea tu polaridad masculina, más atraerás de manera natural a mujeres hermosas y femeninas. Entonces, tienes que ser sincero contigo mismo y debes entender qué polaridad tienes tú. Si tienes una polaridad femenina o masculina, pero débil, te recomiendo que inicies un proceso de fortalecimiento de la polaridad masculina. ¿Cómo? Primero, con la acción. La polaridad masculina se considera dinámica y orientada hacia objetivos específicos. También se suele identificar con la racionalidad. El hombre masculino es lógico, analítico y objetivo. Y toma decisiones basadas en hechos y no en emociones. Además, tiene capacidad de protección y se mantiene firme ante situaciones de presión. Eso también forma parte de la polaridad masculina. El hombre de polaridad masculina, que podemos llamar *hombre alfa*, es firme, constante y protector; es independiente y autosuficiente. Es un hombre que protege a la mujer.

Pero, si eres un hombre débil, dependiente de tu mujer o de las mujeres en general, un hombre que no se cuida, que no sabe lo que quiere, que no tiene proyectos o que no posee la capacidad para proveer para sí mismo y para su familia, estarás debilitando tu polaridad masculina.

Vivimos en una sociedad en la cual se está en guerra contra la polaridad masculina. Los medios de comunicación y el falso feminismo contemporáneo pretenden destruir tu polaridad masculina y convertirte en un hombre débil, en un hombre-mujer. Pero, al hacer eso, lo único que está logrando es frustrar a las mujeres. Un mundo lleno de hombres-mujer solo conseguirá que las mujeres no encuentren hombres de los que sean capaces de enamorarse. Cuando hay un hombre que tiene polaridad masculina, las mujeres se pelean por él, lo buscan y están como locas porque se ha ido convirtiendo en un diamante cada vez más difícil de encontrar. Esto se debe a que todo lo que hay en la sociedad, lo que te dicen los medios de comunicación y el adoctrinamiento para las masas va destinado a destruir tu polaridad masculina. Por lo tanto, tienes que fortalecerla, pero a su vez entender qué clase de polaridad tienes tú.

A la mayoría de los hombres les atraen las mujeres femeninas con polaridad femenina. ¿Pero qué es? La polaridad femenina se identifica con la receptividad, la acogida, la capacidad para adaptarse a los cambios, la intuición, las emociones, las habilidades sociales, la creatividad y la fertilidad, la conexión y la relación, la flexibilidad y la capacidad para fluir y adaptarse a situaciones diferentes. Una mujer femenina sabe lo que quiere y se cuida a sí misma, manteniendo su feminidad y belleza. Permite que el hombre asuma su rol de polaridad masculina; se deja llevar por él y espera que, ante la presión de la vida, él pueda brindarle apoyo y hacerla sentir valorada. Las mujeres sueñan con encontrar un hombre así que sea capaz de enamorarlas.

En las novelas románticas que lee la mayoría de las mujeres, podemos encontrar, por ejemplo, la típica historia del romance entre una chica normal y un millonario. Las portadas de esas novelas están llenas de hombres musculosos, masculinos, exitosos, millonarios y triunfadores, de políticos importantes, reyes o chicos malos y guapos, es decir, hombres que tienen un alto valor social. Eso es lo que desea la mujer, y por eso consume esos productos. Lee novelas románticas porque quiere ver la historia entre un hombre de polaridad alfa que es capaz de seducir a una mujer de polaridad femenina.

Entonces, ¿qué pasa si tienes polaridad femenina? Lo que sucede es que vas a atraer a mujeres de polaridad masculina, es decir, te acabarás convirtiendo en un hombre-mujer. Quizás ya lo seas. Quizás seas un hombre-mujer y no lo sepas, un hombre heterosexual, pero con polaridad femenina. Entonces, te invito a que hagas cosas para cambiar eso. Intenta conectar con otros hombres de polaridad alfa. Haz un deporte, ve al gimnasio, haz pesas, cuida tu alimentación, vístete como un hombre alfa, cuida tu aspecto. Si no tienes trabajo ni capacidad económica, si vives en la miseria, será difícil que consigas atraer a una mujer.

Debes tener una vida independiente. Tienes que vivir solo, tener tu propia casa, tu coche, tu trabajo. Tienes que ser capaz de mantenerte a ti y a los demás. Si tienes 40 años, vives con tus padres y no tienes trabajo ni dinero, ¿cómo pretendes que una mujer quiera estar contigo? Ninguna mujer de alto valor —las mujeres que a ti te gustan— va a querer estar con un hombre así, y no porque sean materialistas o malvadas. No sientas resentimiento hacia cómo son.

Es lógico que una mujer hermosa y femenina, que tiene a muchísimos hombres detrás y puede elegir, no vaya con un hombre que tiene 40 años, vive en casa de sus padres, no tiene dinero, está gordo, no se cuida, fuma, consume drogas y bebe alcohol. Ese hombre tiene todas las cualidades que una mujer no desea. Y a ti, como hombre beta, si lo eres, no te servirá de nada que te enfurezcas o pienses que la mujer es mala, materialista y solo quiere tu dinero. Todo eso es mentira.

La mujer ha sido programada para sentirse atraída por unas determinadas cualidades. Lo mismo que el hombre. Así como tú te sientes atraído por mujeres simétricas, delgadas, hermosas y femeninas, la mujer se siente atraída por otro tipo de cualidades. Y tienes que aceptarlo, porque así son las cosas, así funciona el juego de la seducción. Entonces, si en el pasado las parejas que has tenido han sido mujeres masculinas, es decir, mujeres que te dominaban, mujeres que llevaban la iniciativa en la relación, mujeres que proveían, mujeres que no te tenían respeto, debes saber que lo más probable es que ellas, en lo más profundo de su ser, te despreciaran.

Si has vivido esas situaciones, te invito a que cambies tu polaridad. Si no lo haces, solo vas a entrar en relaciones donde serás el hombre-mujer y ella será la mujer-hombre. En contra de lo que te suele decir la programación para las masas, lo más probable es que no te sientas satisfecho, sino con una profunda frustración. Y ellas, que se han visto obligadas por la sociedad y por ti a tomar ese papel, en cierto sentido, antinatural de hombre, sentirán rencor hacia ti.

Puede que algunas de esas parejas sigan adelante por tener una polaridad equilibrada, pero siempre van a funcionar mucho peor que una donde el hombre tenga polaridad masculina y la mujer, polaridad femenina. Eso es lo que tienes que perseguir. Hay mujeres que se han visto obligadas por la sociedad, por su trabajo o por su posición de poder a adquirir comportamientos o a —incluso— vestirse como si fueran hombres. O sea, la sociedad las ha convertido en mujeres-hombre. Lo más normal es que este tipo de mujer acabe emparejada con un hombre-mujer, con un hombre beta.

Si un hombre alfa encuentra a una mujer de polaridad masculina, es muy posible que se acaben repeliendo y que esa pareja no fructifique, ya que, cuando hay dos polaridades similares, se produce un desequilibrio. Si el hombre es masculino y la mujer también, esa mujer no va a resultar atractiva para él porque tendrá a su alcance muchas mujeres femeninas, y lo más probable es que una mujer masculina no sea demasiado atractiva y, por lo tanto, no le genere atracción al hombre alfa. Entonces, esa pareja ya no llegará a darse.

Si ocurre la situación de que eres un hombre-mujer y te emparejas con una mujer de polaridad femenina, esa pareja tampoco va a funcionar. O sea, cuando hay dos polaridades femeninas en la relación, lo más probable es que no sea una relación equilibrada.

Si encuentras una mujer con polaridad alfa y eres un hombre alfa, puede ocurrir que consigas darle la vuelta a la polaridad que ella tiene. Es decir, puede que tu mujer sea alfa en su entorno laboral, por ejemplo, pero cuando llegue a casa entienda que puede reconectar con su energía femenina. En ese caso se podría producir un mayor equilibrio. En principio, lo más probable es que una relación entre un hombre masculino y una mujer masculina no acabe funcionando. Por lo tanto, tienes que entender de manera profunda esta distinción entre la polaridad masculina y la femenina, porque es clave en lo que te estoy explicando en este libro. Si no lo haces, no servirá de nada que aprendas técnicas de seducción.

Trabaja tu polaridad masculina. Aquí no estamos hablando de una masculinidad tóxica. No debes convertirte en un hombre machista que trate mal a las mujeres, no te pido que te vuelvas una especie de cavernícola sin cerebro, sino todo lo contrario. El hombre masculino, alfa, tiene calibración social, trata con muchísimo respeto a las mujeres y cuenta con alternativas y las entiende, conoce el juego de la seducción y sabe enamorar a una mujer. Es un hombre exquisito en su trato con las mujeres, y por eso lo persiguen.

Si quieres ser un hombre atractivo para la mayoría de las mujeres, fortalece tu polaridad alfa, tu polaridad masculina. Puede suceder que seas un hombre de polaridad masculina y que, por lo tanto, las mujeres de polaridad masculina no te encuentren atractivo, pero no pasa nada, eso está bien. No le puedes gustar a todo el mundo. Es imposible que todas las mujeres (el 100 %) se sientan atraídas por ti. Habrá mujeres que se sientan más atraídas por hombres de polaridad femenina porque ellas tendrán polaridad masculina. Pero lo más probable es que a ti no te interese, como hombre, ser un hombre-mujer y emparejarte con una mujer-hombre. Si lo haces así, lo más probable es que acabes viviendo en una frustración profunda. Al final, irás en contra de las leyes universales de la naturaleza, que establecen que hay dos polaridades en nuestra especie —la masculina y la femenina— y que, cuanto más masculino sea un hombre, más atraerá a mujeres de polaridad femenina. Por lo tanto, fortalece tu polaridad masculina para atraer a esas mujeres femeninas que te vuelven loco.

2. DECODIFICANDO A LA MUJER

Todo lo que te han enseñado en las películas, en las series, en las canciones y en la programación para masas es falso.

Cuando le preguntes a una mujer lo que tienes que hacer para seducirla, la respuesta que te va a dar no servirá. Una cosa es lo que las mujeres dicen y otra es lo que hacen. Y esto, que puede parecer contraintuitivo, es cierto.

En las películas vemos que los hombres ponen en un pedestal a las mujeres, que les prestan toda su atención, que viven para ellas, que no tienen un marco mental fuerte y una personalidad decidida con metas y objetivos claros. Sin embargo, es todo lo contrario: cuanta más atención le prestes a ella, más estarás matando la atracción; cuanto más la eleves y la idealices, más harás que se aleje de ti; cuantos más regalos le hagas sin que se los merezca, más conseguirás que te rechace. Regalándoles flores, perfumes, viajes y cenas caras a mujeres que apenas conoces estarás demostrando tu desesperación, tu falta de calibración social y tu desconocimiento de cómo funciona el juego de la seducción.

Lo que la mujer desea, busca y persigue, en realidad, es un hombre que no la necesite, no un hombre que sea dependiente de ella.

En primer lugar, lo que tienes que entender es que, en cierto sentido, la mujer ve la realidad de una manera distinta a la tuya como hombre, ya que su psicología sexual y afectiva es distinta. Por eso cualquier manual, cualquier libro o cualquier vídeo que pretenda una seducción unisex se estará equivocando: las dinámicas sociales del hombre y de la mujer, así como la mentalidad que tenemos de serie, son diferentes.

El hombre está programado por la biología para tener la mayor cantidad posible de amantes para extender sus genes.

Lo que busca el hombre es sobre todo belleza, juventud y atractivo físico y sexual; busca una buena reproductora para sus hijos. Los hombres, de manera natural, se ven atraídos por mujeres jóvenes y hermosas. Las mujeres, en cambio, se comportan de una manera distinta porque su función biológica es otra: perpetuar la especie y buscar un hombre que sea capaz de protegerla a ella y a sus hijos. Por lo tanto, las cualidades fundamentales que la mujer está persiguiendo serán distintas. Es difícil que una mujer de 40 años se sienta atraída por un chico de 18 años, pero que un hombre de 40 años se sienta atraído por una jovencita hermosa de 18 años es altamente probable.

Lo que busca la mujer es un hombre fuerte y psicológicamente independiente que tenga la capacidad para proveer y proteger. Por lo tanto, un hombre maduro, incluso mayor que ella, puede cumplir esta función biológica de una manera más eficiente que un joven que apenas tiene las cosas claras, no tiene dinero ni casa y no sabe lo que quiere en la vida.

Tienes que entender que las mujeres dicen una cosa y hacen la contraria. La mujer te dice que odia a ese hombre un poco chulito y machista, pero la realidad es que todas acaban atraídas por él y que el chico bueno que hace lo que ve en las películas románticas es rechazado por la mayoría de las mujeres. Las mujeres quieren un hombre fuerte, proveedor y con las cosas claras. Un hombre inseguro y débil suscita de manera natural el rechazo de la mayoría de las mujeres.

Por lo tanto, en primer lugar necesitas tener una mentalidad alfa, tal como te he explicado en el capítulo anterior. Si la tienes, ya estarás por encima del 99 % de los hombres. Todo comienza en ti. La realidad es una construcción de tu mente y, si tienes esa mentalidad correcta, atraerás de manera natural a las mujeres.

Si, además de tener esa mentalidad alfa, te cuidas, cuidas tu físico, tu imagen, haces deporte, te alimentas bien, tienes calibración social, sentido del humor y vistes de una manera adecuada, puedes convertirte en un hombre atractivo. Un hombre feo, pero que sabe sacarse partido, lleva un buen traje, está delgado, hace ejercicio, se alimenta bien, lleva buenos complementos, buena colonia y, además, tiene un alto estatus social, es capaz de proveer, es un hombre al que, sin duda, no le van a faltar mujeres porque tendrá todas las cualidades que ellas desean. El hecho de que sea feo o guapo tiene una importancia secundaria, porque la belleza física y la juventud son atributos menos deseados por las mujeres.

Una mujer puede decirte: «Te odio, no quiero volver a verte», pero, si sigue ahí y no se marcha, te está diciendo algo distinto: «Quiero tu atención» o «Quiero que me hagas vivir experiencias mejores o que me lleves de viaje», etcétera.

Los hombres y las mujeres se comunican de manera distinta. El hombre dice las cosas de manera directa. Así, si un hombre no quiere estar con una mujer, le dirá que no quiere estar con ella, y eso tendrá un significado literal. El hombre interpreta de forma literal las palabras. Cuando le dice a una pareja: «No quiero volver a verte», significa «no quiero volver a verte»; cuando una mujer le dice a una pareja: «No quiero volver a verte», puede significar, en realidad: «Quiero estar contigo, pero también que me hagas más caso, me prestes más atención, me des más regalos, mejores tu aspecto», etcétera.

En otras palabras, tú, como hombre alfa, tienes que saber interpretar a la mujer. El hombre beta no entiende esta parte del juego, interpreta de manera literal todo lo que la mujer dice. El hombre alfa, en cambio, sabe que tiene que decodificar e interpretar lo que ella diga. La mujer que ahora menciona que te odia en cinco minutos puede estar llorando en tus brazos diciendo que te quiere. Tú tienes que ser capaz de interpretar lo que te está diciendo.

Las mujeres no se expresan de manera directa, sino de manera indirecta a través de sus acciones. Si una chica te dice que te odia, pero no se va, en realidad no te odia, ya que, si lo hiciera o no quisiera estar contigo, se marcharía. «Te odio» significa algo distinto, quiere decir: «Quiero tu atención» o «Quiero estar contigo».

Si eres directo con la mujer y eres capaz de crear el marco mental de que vosotros dos vais a estar juntos, gracias al contagio emocional, serás capaz de atraparla en tu marco mental y, por lo tanto, se creará más fácilmente una relación entre ambos. Lo que tienes que hacer es ser independiente y entender el juego. Cuando conozcas a una chica, ella te va a probar. La mujer está programada por su biología para, de manera inconsciente, probar al hombre. Te va a probar para ver si eres una pareja potencial y te va a poner los denominados *aros psicológicos*, algo que las mujeres hacen de manera constante sin darse cuenta de ello.

Por ejemplo, puede darse el caso de que vayas a una discoteca con tu potencial pareja y ella sea borde o provoque a otro hombre para ver cómo reaccionas, para probar la solidez de tu marco mental, para ver si la vas a proteger o no, para comprobar si te comportas como un hombre alfa o no. En realidad, está poniéndote un aro psicológico. Puede suceder que le envíes un mensaje por WhatsApp a la chica que te gusta, ella vea el mensaje y no responda. ¿Por qué no responde?, ¿porque no quiere hablar contigo? No, no responde porque está probando cómo reaccionas.

La mujer expone mucho en una relación emocional y sexual. Arriesga la posibilidad de quedarse embarazada (aunque existan métodos anticonceptivos, sus genes y su inconsciente no lo saben), de sentirse herida, de perder al amor de su vida porque está contigo pudiendo estar con otro hombre. Arriesga más que tú y, por lo tanto, tiene que asegurarse de que la inversión emocional y de tiempo que está haciendo valga la pena.

¿Qué tienes que hacer cuando le escribes a una mujer un mensaje, ella lo ve y no te contesta? Bien, ¿qué haría el hombre beta?, ¿qué haría el hombre de las películas románticas? Se preocuparía y le escribiría un mensaje como este: «¿Qué te pasa? ¿Por qué no me escribes? ¿Estás enfadada?». Buscaría enseguida su aprobación, como un buen perrito que aguarda a que su amo le acaricie las orejas; o sea, estaría pendiente de ver qué pasa.

El hombre alfa entiende que esto forma parte del juego y que ella está jugando. ¿Qué hace el hombre alfa cuando una mujer no le contesta un mensaje? No insiste, sigue su camino y continúa viviendo porque cuenta con una vida excitante que tiene valor por sí misma. Es un hombre con opciones. Ella no te contesta el mensaje porque quiere ver qué haces. El hombre beta se asusta y le escribe, mientras que el hombre alfa espera. ¿Y qué pasa si ella no te contesta nunca más ese mensaje? Significa que no estaba interesada. Entonces no tienes por qué preocuparte. Tú quedas con otras personas. No es LA MUJER con mayúsculas, es una mujer más a la que estás conociendo y, por lo tanto, no te tiene que preocupar lo más mínimo que no te conteste. Quizás ha conocido a otro hombre, no tiene tiempo o no le gustas, no importa. El hombre alfa lo entiende, lo acepta y sigue su camino. El hombre beta la llama y, si ve que no le presta atención, se enfada, se muestra resentido e incluso puede reaccionar de manera violenta, insultarla o decirle palabras feas. El hombre alfa no hace nada de eso, ya que entiende que ese es el juego.

Por lo tanto, cuando estés comenzando una relación con una mujer que te guste, es importante que mantengas la distancia, el misterio, tu propia independencia y, sobre todo, y esto es fundamental, no debes mostrar necesidad. Cuanto más necesites a una mujer, más la alejarás de ti. En cambio, si percibe que no la necesitas, primero, porque eres independiente, y segundo, porque tienes muchas más opciones, se sentirá atraída por ti.

El alfa es un hombre que ha sido validado por otras mujeres, ha tenido relaciones con otras personas y, por ende, la mujer sabe que, si desaprovecha la oportunidad, puede estar perdiendo un hombre de altísimo valor, algo que es escaso en el mercado del amor. Cada día hay menos hombres alfa, cada día los hombres son menos atractivos para las mujeres porque vivimos en una sociedad que se dedica a destruir la masculinidad, y eso hace que muchísimas mujeres se sientan frustradas porque no encuentran un hombre atractivo. Lo que hallan son hombres-mujer, hombres-niño, hombres inmaduros que son incapaces de tener una relación seria y estable, hombres que no entienden el juego ni tienen las habilidades o la calibración social necesaria para ser capaces de seducirlas.

El hombre alfa se acerca y se aleja, tiene la iniciativa y el control de la interacción siempre. No es ella quien tiene el control, es él quien lo tiene porque se sabe un hombre valioso y, por eso, no se enfada, entiende cómo funciona el juego, tiene calibración social. La mujer percibe todo ello enseguida, incluso de manera inconsciente, y eso desata la atracción.

El hombre beta habla mal de su ex, mientras que el hombre alfa no habla de ella o, cuando lo hace, dice cosas positivas, ya que no es alguien frustrado con las mujeres, sino que las entiende y las acepta tal como son porque también se acepta a sí mismo, se conoce a sí mismo, conoce de manera natural o ha aprendido los principios que te explico en este libro, y eso lo convierte en un experto en el juego de la seducción.

3. NO DEMUESTRES NECESIDAD

Hay un principio básico que se puede aplicar no solo a la seducción, sino a cualquier relación personal y también al *marketing*: la idea de que la necesidad te resta atractivo. En otras palabras, cuanto menos necesites a una mujer, más fácil será conquistarla. Y a la inversa: cuanto más necesites a una mujer, más fácil será que te deje. Si demuestras necesidad, lo único que vas a generar es repulsión. No puedes pretender que una persona esté contigo por pena porque tú la necesitas.

Las personas desean estar con aquellas que son fuertes, autosuficientes y ganadoras. No puedes suplicarles a tus clientes que compren tus productos o servicios, lo que tienes que hacer es convencerles de que te los compren. Y es más fácil hacerlo si no demuestras necesidad. Es más sencillo que los bancos, por ejemplo, te presten dinero si no lo necesitas que si lo necesitas de forma desesperada. Lo mismo sucede con las mujeres.

Si eres un hombre que ha tenido pocas relaciones y no cuenta con mucha experiencia con las chicas, eres un hombre que no ha sido preseleccionado. Además, cuantas más relaciones hayas tenido en el pasado, más fácil será que una mujer te seleccione en el presente, ya que eso indica que habrás sido validado por muchas mujeres y, mientras más hermosas y de mayor valor hayan sido, más aumentará tu valor como

hombre. Así, si has salido con varias supermodelos hermosí-
simas y famosas, tu valor como hombre aumentará de cara
a otras mujeres. Si has estado con muchas mujeres de alto
valor, eso te convierte de cara a otras en un hombre de alto
valor porque has sido preseleccionado por ellas. Por eso, lo
que debes evitar, dado que es tu muerte como seductor, es
demostrar necesidad. Eso significa que no debe importarte si
una chica no te envía un wasap o no te contesta un mensaje,
ya que vives en la abundancia y no la necesitas.

Debes ser capaz de estar bien contigo mismo solo, sin necesitar a nadie. Debes ser una persona completa, no dependiente, fuerte y autosuficiente. Y, cuanto menos necesites a
los demás, más fácil será tenerlos a tu lado. A veces lo mejor
para que una chica quiera estar contigo es alejarte de ella, no
acercarte, porque le estarás demostrando que no la necesitas.

Si le envías un wasap a una chica y no te contesta, com-
pórtate como si tuvieras a diez mujeres más esperando que les
escribas. El siguiente consejo es simple, pero poderoso. Cada
vez que tengas que interactuar con una mujer, pregúntate: «Si
tuviera diez chicas hermosas que quisieran estar conmigo,
¿cómo me comportaría con esta chica?». Si tuvieras a diez
chicas hermosas que te han escrito diez mensajes y quieren
quedar contigo, y tú le escribes un mensaje a una chica y no
te contesta, ¿te importaría que no te conteste? No, te olvi-
darías de ello porque tienes opciones, tienes muchas otras
posibilidades. Plantéate cómo se comportaría un hombre que
viviera en la abundancia. ¿Tú crees que un hombre que tiene
diez mensajes de WhatsApp de diez mujeres hermosas que
quieren hacer el amor con él y ser sus novias le regalaría
unas flores a una chica que acaba de conocer?, ¿o la llevaría
a cenar a un restaurante caro?, ¿o empezaría a llorar si la
chica le deja?, ¿o se molestaría si ella le dice que no quiere

estar con él? ¿Tú crees que le importaría? No le importaría, le daría igual.

Las mujeres te van a probar porque está en su naturaleza hacerlo, no las culpes por ello. Las cosas son así, el juego es así. Cuando te prueben, lo que tienes que demostrar es que no las necesitas, aunque las necesites. La mujer ya está cansada con la carga de la vida: tiene que trabajar, estudiar y, además, estar guapa. La vida es una pesada carga para ella igual que para ti. Por lo tanto, lo último que quiere es una pareja que sea un peso muerto. Lo que quiere es que le quite problemas de encima. Por eso le gusta un hombre que sea autosuficiente, que pueda ser proveedor, que tenga su propio dinero —si es rico, mejor— y que sea buen padre, buena persona, cariñoso y de fiar.

Si le envías un wasap a una chica y no te contesta, y entonces la llamas enfadado diciendo: «¿Por qué no me contestas?», te estarás convirtiendo en una carga para esa persona. No serás una ayuda, sino un tipo pesado del que va a querer deshacerse pronto. El problema es que, como hombre beta, te sientes frustrado, vives en la escasez y, por lo tanto, cuando una chica desconocida —que en realidad no significa nada para ti, y tú no significas nada para ella— no te contesta un mensaje de WhatsApp en cinco minutos, para ti es un trauma. Si tienes sexo con una chica y ella no quiere volver a verte, sientes que no vales nada, cuando, en realidad, eso no significa nada. Puede significar muchas cosas, o no.

Volvemos a lo de antes: si tuvieras diez mujeres hermosas que quieren hacer el amor contigo y una de ellas, después de hacerlo, no quiere volver a verte, ¿te importaría? No. Ese es el marco mental correcto que debes tener. Esta es una herramienta simple, pero poderosa. ¿Cómo se comportaría un hombre de altísimo valor en esta situación? Antes de hacer nada, hazte esa pregunta. ¿Qué harías si tuvieras a diez mujeres hermosas esperando tener sexo contigo? ¿Cómo te comportarías con esa chica que te gusta? Ese es el marco mental correcto.

No demuestres escasez y necesidad. Si ahora mismo te estás iniciando en este camino de la seducción y tienes escasez en tu vida, piensa que, en realidad, es mental. La escasez está en tu marco mental equivocado. Debes tener un marco mental de abundancia, de valor. No sirve que creas que eres un hombre de alto valor cuando estás gordo, no haces deporte, eres mala persona, no eres inteligente ni gracioso, tienes 40 años y vives con tus padres. No tienes nada que ofrecerle a una chica. En realidad, puedes tener un marco mental de hombre alfa, pero, si vives en esa situación, eres un hombre beta.

Lo que tienes que hacer es cambiar tu vida. Cambia tu vida para convertirte en un hombre de alto valor, cambia tu vida y tu mente. Haz que ambas cosas cambien a la vez. Si piensas como un hombre alfa, tienes que comportarte como tal, no solo en tus interacciones con una mujer, sino en todas tus relaciones, en la forma como te alimentas, al hacer deporte, en cómo enfocas tu vida, en tener metas y propósitos, en aprender, en tener una empresa y una pasión. Si no tienes nada de todo eso, si estás todo el día sentado en un sofá viendo la tele, engordando y comiendo comida basura, no servirá de nada que leas este libro.

Este no es un libro para que leas y te sientas mejor. Este es un libro que te invita a la acción. Trabaja para ser un hombre de más valor. Trabaja tu mente, tu cuerpo, tu imagen personal y tu inteligencia; trabaja todo, crece como persona. El camino del seductor es un camino de crecimiento personal.

Esa mujer que te gusta, en realidad, puede ser tu mejor maestro, porque puede ser el estímulo que necesitas para mejorar tu vida, para llegar a un siguiente nivel, para ser un mejor ser humano, para sentirte mejor contigo mismo, para tener metas, propósitos y objetivos valiosos que te hagan sentirte bien, mejorar tu autoestima y ser una persona muchísimo más provechosa para la sociedad. Y, por lo tanto, ese es el camino que tienes que seguir. No es un camino de escasez, no es el camino de estar celoso porque una chica no quiere estar contigo. Si una chica no quiere estar contigo, ella se lo pierde. No pasa nada, no importa. Hay muchísimas más mujeres de valor que podrían estar a tu lado. No sigas con esa interacción si está muerta. Pasa a la siguiente. Así es como se comportaría un hombre alfa y así es como tienes que comportarte tú.

4. DÓNDE CONOCER MUJERES

¿Dónde conocer mujeres? Hoy hay dos maneras de hacerlo: de la manera tradicional y en internet. Comencemos centrándonos en la primera forma, la clásica. Podemos conocer mujeres interesantes en nuestro entorno: grupos de amigos, amigos de amigos, estudios, trabajo... todos ellos son lugares donde puedes conocer a otras personas.

No te recomiendo que tengas o intentes tener relaciones con mujeres de tu trabajo porque eso puede generar situaciones un poco incómodas si no fructifican. Por lo tanto, separaría el trabajo de todos los demás ámbitos de la vida. Hay muchos lugares donde puedes conocer mujeres y no necesitas incomodar a tus compañeras de trabajo, por lo que te recomiendo que no intentes seducirlas. Aunque también es cierto que en el trabajo han surgido grandes historias de amor, de gente que se ha casado, ha tenido hijos y ha sido feliz. Por lo tanto, no quiero cerrarte esa posibilidad. Si conoces a una chica que te interesa de verdad —no para una relación pasajera— y crees que tiene unas cualidades excepcionales, quizás valga la pena el riesgo de intentar ligarte a una compañera de trabajo, pero, en general, no es buena idea.

Fuera de ese ámbito, te diría que puedes conocer mujeres interesantes en cualquier lugar: en una discoteca, en un bar, en un *pub*, en un club de senderismo, en un grupo de lectura, en clases de baile, practicando un deporte, en un parque, etcétera. Lo importante es que no debes tener miedo a iniciar interacciones. Sé que puede ser complicado si eres una persona tímida, pero tienes la posibilidad de utilizar muchas técnicas para intentar romper esa timidez. La primera de ellas puede ser hablar con personas desconocidas, que no tienen por qué ser mujeres hermosas que quieras seducir. Puede tratarse de un señor mayor en un banco, una señora que esté yendo a hacer compras, una chica que no te gusta o un chico de tu edad, un hombre. Puedes preguntarle algo e iniciar una conversación casual. Eso, que puede parecer una tontería, te prepara para vencer la timidez inicial y aprender a relacionarte con personas desconocidas en cualquier lugar.

Tengo que confesarte que he seducido a algunas mujeres de altísimo valor por la calle. Ves una chica que te interesa, te gusta y puedes detenerte, hablar con ella, si quiere, y hacer algo tan simple como invitarla a tomar un café 15 minutos. El hecho de que sea 15 minutos es importante porque limita el tiempo y hace que sea más fácil que acepte tu petición. No te estoy hablando de practicar el acoso callejero, de importunar a mujeres por la calle ni nada de todo eso, pero puede haber situaciones en las que empieces a hablar con una persona desconocida en cualquier lugar o le hagas una pregunta y, después de ver su reacción, debas tener la suficiente calibración social para saber si la chica está interesada en hablar contigo.

Al final, si eres un hombre interesante, vistes bien, te arreglas, tienes una buena conversación y eres amable y simpático, tendrás muchas más posibilidades de conocer a una persona. Por lo tanto, pienso que, si haces un trabajo mental y físico adecuado, estás abierto a conocer personas y eres un hombre de valor, será más fácil para ti ser capaz de seducir a una mujer en cualquier lugar que te propongas.

Hay sitios que son más favorables que otros. A mí no me gustan mucho las discotecas, porque el juego allí se basa en el físico, apenas se puede hablar, y es un tipo de juego que les va bien a hombres altos y musculosos con una gran apariencia física. Pero, si eres una persona a la que le gusta iniciar una conversación, hablar, explorar cómo es la chica y conocerla, será difícil hacerlo en un entorno con música alta, con gente que bebe y consume drogas, donde casi no se puede hablar. Aunque es un entorno que a mí no me gusta, entiendo que hay hombres que saben bailar y que se mueven bien en las discotecas. Si vas con un grupo de amigos guapos que tienen un alto valor y eso se percibe en la sala, puede ser un lugar interesante para conocer chicas. Ahí se hace el primer contacto y luego se interacciona afuera, quedas otro día, y el objetivo al final tiene que ser cerrar un número, enviarse un wasap, para luego poder quedar con ella y conocerla mejor. También depende de lo que estés buscando: si quieres una relación o un contacto esporádico de una noche.

Otra forma de conocer chicas —que para mí es la mejor— es a través de internet. Tiene una gran ventaja: te permite ver el perfil de la chica y, si es una página de contactos donde hay información sobre ella, verás cómo se expresa, su trabajo, su nivel de estudios y sus hábitos, y de ese modo harás una preselección de manera eficiente.

Por ejemplo, como no me gustan las mujeres que fuman, para mí pierde muchísimo valor una que lo haga. Si en un perfil de una red social para ligar, como Meetic, eDarling o cualquier otra, veo que la persona es fumadora, entiendo que ya no me interesa para tener una relación. No me gustan las mujeres fumadoras, ni siquiera para una relación esporádica, porque el olor o el gusto, como no fumador, es algo que me resulta bastante desagradable. Quizás a ti no te importe y ese sea un detalle que te dé igual, pero quizás prefieras salir con una mujer a la que le interese el deporte, le guste la lectura o tenga hábitos similares a los tuyos. En un perfil de internet donde hay información sobre la persona, es fácil filtrarlo.

El juego en internet, en realidad, es igual que el de afuera de internet, es decir, debes tener unas buenas fotos profesionales. No te hagas una selfi sin camiseta en el baño, ya que es algo horroroso. Ve a un fotógrafo profesional, vístete bien y pon fotos de viajes excitantes en lugares exóticos, practicando submarinismo, alpinismo o senderismo; fotos que, más que resaltar tu belleza como hombre, enfaticen y muestren que tienes un estilo de vida excitante que puede interesarle a cualquier mujer. Señala tus *hobbies* y tus hábitos.

La descripción de tu perfil al final tiene que indicar que eres un hombre alfa. Entonces, cuando vayas a redactar tu perfil en una red social para ligar, en una aplicación como eDarling, tienes que intentar que lo que pongas sea el estilo de vida de un hombre alfa y que refleje tus valores alfa. De esa forma, lograrás atraer más atención. Con unas buenas fotos, una buena descripción y conversación será fácil contactar con una chica. Las redes servirán para establecer un primer contacto: podrás intercambiar wasaps para que veas si esa chica te interesa, y entonces tener una primera cita para iniciar otro tipo de interacción.

Gracias a internet se ha hecho muchísimo más sencillo conocer chicas porque las que puedes llegar a conocer son casi infinitas. Si vives en una ciudad grande, hay muchísimas personas que podrás conocer a través de internet. Si incluso estás dispuesto a viajar o a moverte, las posibilidades se ampliarán de manera extraordinaria. Esta puede ser una buena forma de conocer mujeres.

No me gusta mucho Tinder porque apenas hay información acerca de la persona. Prefiero buscar en páginas que sean de pago, es decir, que tanto el hombre como la mujer tengan que pagar por pertenecer a esa web para ligar. Creo que de esa manera se hace una selección interesante, y puedo asegurarte que vale mucho la pena pagar por estar en una de esas páginas.

Por lo tanto, explora estas dos opciones. Si lo haces así, si eres un hombre de alto valor, verás que las posibilidades de conocer chicas son enormes y al final tendrás que acabar seleccionando porque, si eres un hombre alfa, contarás con muchísimas opciones para conocer a mujeres de altísimo valor.

5. PRIMERA CITA

Quiero hablarte en este capítulo de la primera cita. En las películas románticas que reflejan la programación para masas, se ve todo lo que no deberías hacer en una primera cita. Es decir, ¿qué hace el hombre beta en una primera cita? Está nervioso, es inseguro, lleva un ramo de flores, le hace un regalo y la lleva a un restaurante caro. Hacer todo eso en una primera cita no tiene ningún sentido. Tú no conoces a la chica y, por lo tanto, no está justificado que inviertas demasiado tiempo y recursos en ella. Así, ir a una primera cita con un ramo de flores y llevarla a una cena cara es un completo error. Eso que ves en las películas románticas es lo que no debes hacer.

La primera cita es un primer encuentro que debe ser breve. No inviertas demasiado tiempo ni recursos en él. Lo ideal sería quedar para tomar un café, un helado o dar un paseo juntos por el parque o por la playa. Lo que tienes que hacer en ella es calibrar el nivel de polaridad. Puede ser que una chica te haya parecido interesante por internet o por WhatsApp, pero no sabrás nada de ella hasta que no quedes en persona. Cuando lo hagas, podrás ver mejor lo que te interesa. Tendrás toda la comunicación no verbal y podrás valorar las polaridades. Lo primero que debes ver en esa cita es si vuestras polaridades son compatibles o no. Te darás cuenta de ello enseguida. Después, deberás ver si vuestras visiones acerca de la realidad y vuestros estilos de vida también son compatibles. De ese modo, si eres una persona a la que le gusta ir cada fin de semana a la naturaleza, a la playa, a museos o a castillos, pero a ella le gusta ir a la discoteca hasta las cinco de la mañana, quizás no tengáis estilos de vida compatibles y esa relación no sea posible. De la misma forma, si ella tiene creencias religiosas o políticas que son opuestas a las tuyas, será difícil que esa relación pueda funcionar.

En resumen, tienes que valorar estas cosas en la primera cita: primero, polaridad de energías compatibles; segundo, estilos de vida; tercero, visiones de la realidad. Si esos tres pasos se dan, te tienes que plantear si esa chica te resulta atractiva o no, o si es alguien con quien podrías tener una relación casual o a largo plazo, aunque no lo sabrás hasta que la conozcas mejor.

Los hombres beta leen libros de seducción y aprenden rutinas para estas primeras citas. Aprenden frases hechas o historias. Si eres un hombre sin experiencia y no sabes cómo tratar a una chica, es probable que esas rutinas te puedan servir. Es una manera de romper el hielo y evitar errores graves de bulto. Por ejemplo, no puedes ir a una primera cita a vomitar tus problemas emocionales o a hablar mal de tu ex. Si lo haces, te estarás equivocando. Sin embargo, lo que debes hacer en esa primera cita es descartar rápido a esa chica si no te interesa y no invertir demasiado tiempo con ella. No tiene ningún sentido que le regales un ramo de flores y la lleves a un restaurante caro para darte cuenta a los diez minutos de que no te interesa en lo más mínimo. Por ello, te recomiendo que esa primera cita sea ir a tomar un café en un lugar público abierto y que sea breve. Así, si ves que la cita va bien, quizás puedas alargarla e invertir más tiempo en ella. También puede ocurrir que primero te tomes un café y que, si te sientes a gusto con la persona y entiendes que te interesa, tenga sentido alargar más el encuentro e invitarla a cenar, por ejemplo.

No le llevaría un regalo porque no se lo merece. Los regalos se tienen que dejar para un momento futuro, para cuando ya se haya generado una conexión emocional entre ambos y sea algo genuino. El hombre beta utiliza los regalos como una forma de soborno y de manipulación de la mujer. El hombre alfa no lo hace, sino que otorga un regalo porque le apetece y no para conseguir algo. Es una muestra de afecto o de cariño que podrías tener también con un amigo, no solo con una mujer que te interese.

En esa primera cita, es importante que seas capaz de generar emociones positivas en ella. Puede ocurrir que esté herida por un ex que le ha hecho daño o porque lleva mucho tiempo sola, ya que desconfía de los hombres, de modo que podría empezar la cita con un discurso negativo, por ejemplo, hablando mal de una expareja. Tu función en ese caso, como hombre alfa, será cambiar esa energía negativa por energía positiva y evitar que siga hablando de un tema negativo.

Los temas que te recomiendo tratar en esa primera cita son, primero, preguntas de conocimiento: «¿Cómo te llamas?», «¿A qué te dedicas?» o «¿Qué te gusta?». Ese tipo de pregunta abierta está bien porque así os vais a ir conociendo. Pero luego te recomendaría generar una atmósfera positiva hablando de temas que a casi todas las personas les resultan interesantes y les generan emociones agradables. Por ejemplo, hablar de viajes: «¿Cuál es el mejor viaje que has hecho en tu vida?» o «¿Qué viaje te gustaría hacer?». De esa forma, tendrá la posibilidad de rememorar un viaje hermoso del pasado y eso generará un estado positivo en ella.

Al final, lo que va a juzgar cuando termine la cita es cómo se ha sentido contigo. El hombre beta irá allí y le hablará de sus traumas infantiles, de cómo le trataban mal los niños en la escuela, de que nadie le quiere, de que no lo entienden o de que su ex le ha hecho daño y le ha engañado. El hombre alfa no habla de sus heridas, no le vomita toda su porquería emocional a una persona que ni siquiera conoce. Lo que intenta es conocer a esa persona y llevar la conversación con energía positiva.

Cuando le preguntas a una mujer: «¿Qué viaje te gustaría hacer?», estás proyectándola hacia un futuro que le gustaría vivir. Y, si estáis hablando de ello juntos, en realidad, es como si ambos estuvierais haciendo proyectos. Eso ayuda a generar una sensación de complicidad. Después es importante intentar tocar a la mujer con respeto, pero no estoy hablando desde un punto de vista sexual, sino como tocarías a un amigo. No tengas miedo de cogerle la mano o de que haya alguna clase de contacto físico. De esa forma, verás cómo te sientes cuando la tocas y ahí se producirá un intercambio de energías y una conexión emocional entre ambos.

Si debes o no besar a la chica en la primera cita es un tema más complejo porque un beso ya implica un componente sexual. El hombre alfa no tiene ningún problema en mostrarse de forma sexual con la mujer que le gusta. Sin embargo, ahí eres tú el que debe tener calibración social. Hay mujeres que pueden considerar que besarse en la primera cita es una ofensa y quizás hasta una agresión. Y hay mujeres que lo consideran lo más normal del mundo. También en ese caso influye mucho la cultura de la persona, su país de origen o sus valores. Eso es algo que tendrás que calibrar en esa primera cita. Si se produce un beso de manera natural y ambos os sentís a gusto con ello, puede ser una forma de progresar en vuestra relación. Pero es algo que no se debe forzar.

El hombre alfa no necesita desarrollar rutinas aprendidas en su primera cita ni pensar en lo que va a decir. Como alfa, mostrándose tal como es, ya consigue generar atracción en la mujer. Es importante enfatizar las ideas del alfa: que es independiente emocionalmente, que tiene proyectos, que sabe lo que quiere, que es un hombre capaz de proveer para sí mismo y para las personas que quiere, que tiene un círculo social activo, que se cuida, que hace deporte y que se alimenta bien.

Todos esos son aspectos que tú tienes que valorar en esa primera cita. Igual, no te interesa estar con una chica que consume drogas, fuma, no hace deporte y se alimenta mal. Si eres una persona preocupada por su salud física y mental, quizás una mujer así, en realidad, no te convenga. El hombre beta no valora si la mujer le conviene o no, ya que está tan necesitado de cariño y de amor, vive en la escasez sexual y de oportunidades que está dispuesto a emparejarse con cualquiera. Así, no es selectivo porque no tiene opciones.

Tú, como hombre alfa —si no lo eres, debes trabajar para serlo—, tienes confianza en ti mismo, tienes opciones y, por lo tanto, no necesitas llevarte bien con todas las mujeres. Quizás la mujer vaya a la cita con el marco mental de que tenga que aceptar o rechazar al chico, pero tú debes ir a esa cita con el mismo marco mental. Quizá le gustes a la chica, pero ella no te guste a ti y, por lo tanto, lo mejor sería cortar ese encuentro lo más rápido posible.

También te diría que, una vez que ha terminado esa cita, no es necesario que le escribas el mismo día, ni siquiera al día siguiente; espérate un par de días o tres, valora si te interesa quedar con ella. De todos modos, si le quieres escribir al día siguiente o responderle porque ella te escribe, no pasa nada, contesta. No tienes por qué hacerte el interesante de manera artificial.

En pocas palabras, la primera cita debe ser casual, breve, una primera toma de contacto para ver si esa persona te interesa o no, ver qué clase de polaridad tiene esa mujer, si te resulta atractiva o no y valorar cómo te sientes con ella, si es posible que seáis compatibles como pareja formal o sexual.

6. SEGUNDA CITA

Si se produce la segunda cita, significa que hay un interés por parte de ambos; es decir, habéis superado el primer filtro. Por lo tanto, ya habrás avanzado mucho. La mayoría de las primeras citas acaban fracasando, así que es normal que no se suela llegar a la segunda cita en muchos casos, y no pasa nada. Eso les sucede incluso a hombres atractivos que tienen muchas opciones.

Tiene sentido que la segunda cita sea más larga que la primera, ya que esta es una primera toma de contacto. En la segunda sí que tiene sentido, quizás, hacer algo que dure más tiempo. No te estoy hablando de lo típico de ir al cine o algo así, sino quizás de ir a un museo, a cenar o a realizar algún tipo de actividad que permita un mayor contacto y pasar más tiempo juntos.

En esa cita es el momento de profundizar más sobre la personalidad de ella y ver hasta qué punto ambos os sentís a gusto el uno con el otro.

Puede pasar que el hombre beta, en este caso, se sienta acobardado y no inicie ningún tipo de contacto sexual. La segunda cita ya es un buen momento, quizás, para besarla por primera vez o abrazarla y para ver cómo os sentís juntos el uno con el otro. Claro que eso dependerá de la chica: aunque una segunda cita pueda ser el momento adecuado para besar a muchas mujeres, con otras necesitarás esperar un poco más. Eso dependerá de la cultura, de la edad y de muchísimas circunstancias personales que son únicas en cada caso.

En esa cita se puede profundizar más, quizás, en relaciones anteriores, familia, amigos, en la profesión de ella. Puedes explicarle más tus proyectos, ilusiones y valores. Si la cosa va rápido y hay mucha química, se puede producir un encuentro sexual completo. A veces esto también sucede en la primera, aunque no suele ser lo más habitual.

No hay que tener ideas preconcebidas sobre esto. El contacto sexual se puede producir en la primera cita, en la segunda, en la tercera, en la cuarta, en la quinta o quizás ni siquiera llegar a producirse. Tú debes tener la capacidad para calibrar en qué momento de la interacción te encuentras. Un hombre alfa tiene experiencia, ha vivido estas situaciones otras veces y tiene la habilidad para interpretar las señales que la mujer te está dando y tus propias emociones. Por lo tanto, debe saber en qué momento hay que escalar y en qué momento no. El hombre beta, que es un manipulador y oculta sus verdaderas intenciones, está aterrorizado de iniciar una escalada de carácter sexual. Pero no el hombre alfa. Es algo que surge en la relación. Si os sentís bien juntos, es normal que os apetezca tocaros, besaros o tener sexo.

Probablemente, también sea el momento en el que puedas elogiarla. El hombre beta regala sus piropos y les dice lo mismo a todas las chicas porque no cree en lo que está diciendo. Si vas a elogiar a la chica, su maquillaje, sus pendientes, su ropa, la comida que te ha preparado o el sitio al que te ha llevado, debe ser algo auténtico. Y tienes que decirlo porque lo sientes, no ser un piropo manipulador, falso o preconcebido, igual al que les dices a todas las chicas.

En esta segunda cita, lo ideal es que tú, como hombre alfa, propongas el lugar y la actividad que haya que hacer. La primera cita puede ser casual, pero estaría bien que supieras a dónde llevarla para ir a un sitio que sea interesante y te guste. Si tenéis que ir a una cafetería, que sea una agradable para ambos. Si dejas que la chica elija el lugar de la segunda cita, le estarás quitando la posibilidad de ilusionarse con ver un sitio diferente dejando que ella lleve la iniciativa, de manera que estarás perdiendo tu iniciativa como hombre alfa.

La chica quiere vivir las experiencias que vas a construir para ella; quiere vivir tu mundo y ver cómo eres capaz de hacerla sentir. Por lo tanto, deberías elegir un lugar agradable, elegante y especial que la haga sentir bien. No te recomiendo para nada que permitas que la chica elija el lugar donde vais a ir la segunda cita. Puede pasar que ella te haga una propuesta, esté convencida o le haga ilusión ir a algún sitio; si a ti te apetece, puedes ir, no hay ningún problema con eso. Pero, en general, lo mejor es que seas tú el constructor de experiencias para esa mujer. Debes elaborar experiencias excitantes y maravillosas para ella, llevando la iniciativa de la interacción, ya que eso es lo que haría un hombre alfa. Ella quiere arreglarse, maquillarse y que la lleves a un lugar bonito, la trates bien y hagas que se sienta a gusto con tu presencia y tu conversación. Si lo logras, crearás una conexión emocional buena entre ambos.

En la segunda cita pueden pasar varias cosas. Quizás la conozcas un poco mejor y te des cuenta de que no deseas seguir con la interacción. No pasa nada: déjala ir. Sé educado. No alargues esa interacción demasiado tiempo si puedes evitarlo, lo dejas ahí y ya está. Puedes descubrir que te apetece seguir conociendo a esa persona y, por lo tanto, eso puede dar lugar a otra cita. Puede suceder que sea la chica la que no quiera volver a quedar contigo. No te enfades, no te debe nada por haberse reunido contigo un par de veces. Si no quiere volver a quedar una tercera vez, no pasa nada. Déjala ir. Como hombre alfa, tienes muchas opciones. Hay millones de mujeres en el mundo que estarían deseosas de salir contigo, de manera que no tienes que obcecarte con esa persona. Deja que siga su camino sin ningún tipo de rencor. Eso es parte del juego y tú tienes que entenderlo.

Quizá ocurra en esta segunda cita que decidas que sí te interesa conocerla mejor. Pues es el momento de profundizar más en su personalidad, en lo que le gusta y lo que no y ver cómo os sentís juntos los dos. Es importante que te muestres de manera auténtica tal como eres, pero tienes que ser alfa. Si tu manera de ser auténtica es beta, cambia tu manera de ser.

En esta segunda cita, puede producirse algo de lo que ya te he hablado antes: que ella te pruebe, que comience con sus aros psicológicos o con sus pruebas de congruencia. Puede pensar de forma inconsciente: «Tú pareces alfa, pues yo voy a probar hasta qué punto eso es cierto». Entonces, es probable que ella, sin ser del todo consciente, te quiera probar, te haga alguna pregunta o prueba —aro psicológico— que ponga en duda tu capacidad alfa. Por ejemplo, podría suceder que ya hayáis quedado en esa segunda cita, pero ella, dos horas antes, te escriba diciéndote que no puede quedar. Quizás sí pueda, pero haya decidido no ir porque quiera comprobar cómo reaccionas. ¿Qué haría el hombre beta en ese caso con una mujer que le deja plantado un par de horas antes de una cita? Se enfadaría, la llamaría, se cabrearía, protestaría, sería la víctima... Con eso le estaría demostrando que no es un hombre alfa, que no le interesa y que ha hecho bien en no quedar.

Tú, como hombre alfa, si la chica te dice que no puede quedar, no te enfadas, le dices: «De acuerdo, no pasa nada». Tienes otras posibilidades: quedas con otras chicas, te apetece estar solo en casa, ir al gimnasio, leer, mejorarte o trabajar en tus proyectos, en tu empresa o lo que sea. No es un problema que una persona no quiera quedar contigo, ya que no te debe nada. Si ese día no le apetece, no le va bien o te está probando, no pasa nada. El hombre alfa entiende que, si una mujer lo está probando en una segunda cita, debe interpretarse como que está interesada en él. Una mujer no hace esas pruebas psicológicas con un hombre beta, sino que lo descarta y ni siquiera quedaría con él. Si lo hiciera, habría una primera cita y nada más. Sin embargo, si está probando tu congruencia como hombre alfa, te concibe como una potencial pareja.

Así, esta segunda cita servirá para ver todas esas señales: si te prueba, si no te prueba, si sois compatibles, si hay un contacto físico o si hay química, e ir profundizando más en vuestra relación. No es el momento de hacer regalos, estos tienen que llegar más adelante, cuando esa relación esté más consolidada y se haya invertido más tiempo, más energía y muchas más emociones. Entonces sí estará justificado, quizás, que le des un regalo. Pero no es en la segunda cita el momento de darle un ramo de flores. El momento llegará más adelante, cuando se lo haya ganado y exista una conexión emocional entre vosotros más genuina y auténtica.

Que haya una segunda cita con una chica no significa que tengas una relación con ella o que no puedas quedar con otras chicas a la vez que estás viendo a una. Puedes ver a varias personas a la vez, y es probable que ella esté hablando con otros chicos igual que habla contigo. Es posible que haya tenido otras citas esa semana y esté conociendo a otras personas. No pasa nada.

El hombre beta se pone celoso si sabe que ella está hablando con otros hombres o que ha quedado con otros después de conocerlo a él. Lo único que indican los celos es inseguridad. Por lo tanto, el hombre beta cree que una chica que ha quedado con él a tomar un café media hora le debe algo y que tiene que serle «fiel», entre comillas, y que no puede ver a otros hombres porque se está viendo con él, cuando, en realidad, esa chica no es nada para él, ni él es nada para ella. Es normal que ella vea a otros hombres, no te tienes que enfadar por eso. Si lo haces y eres celoso, significa que no entiendes el juego. No tienes calibración social ni experiencia y te comportas como un hombre beta. Y eso es un error. Si ella en esa segunda cita te habla de que ha quedado con otros chicos, no tienes que ponerte celoso ni enfadarte, sino entender que es normal. Y tú también deberías estar viendo a varias mujeres a la vez.

7. PRIMER SEXO

Después de esa primera o segunda cita, puede haber una tercera, cuarta y quinta, o no, y esa relación se irá consolidando. En algún momento se va a producir el primer sexo, un momento clave en la relación. Sería absurdo, por mi parte, decirte en qué cita debes tener sexo con la mujer que te gusta, dado que eso dependerá de cada persona y de múltiples circunstancias. No es lo mismo una joven virgen de 18 años que una señora de 50 que tiene tres hijos adultos y está divorciada. Son situaciones diferentes. No es lo mismo que tú tengas 18 años a que tengas 50 años. La situación cambia. Cuanto más adultas sean las personas, más experiencia tendrán y más rápido podrá producirse el sexo. Pero eso tampoco tiene por qué ser así. Puede haber personas que tengan unos valores más tradicionales y decidan que ese primer encuentro íntimo necesite más tiempo, o que una pareja joven se acueste ya el primer día. En esto no hay normas y sería absurdo, por tu parte, creer que las hay.

Todo dependerá de la conexión que se produzca entre ambos, pero también del momento personal en el que se encuentre cada uno. Una mujer que acaba de romper una relación larga de varios años y todavía se sienta herida emocionalmente quizás necesite más citas y conocerte mejor para decidir tener sexo contigo. Sin embargo, otra chica que lleve mucho tiempo sola y a la que le apetezca conocer hombres quizás no necesite esperar tanto. En ese sentido, no vale la pena fijarse un plazo, sino que tienes que saber calibrar en cada situación lo que debes hacer.

El hombre beta siente que, si tiene sexo con una mujer, esta le debe algo, que ya son novios, que se van a casar, que es la mujer de su vida. Nada más lejos de la realidad. O sea, no le debes nada a esa mujer por tener sexo con ella y ella no te debe nada a ti por tener sexo contigo. Hay mujeres que, después de haber tenido sexo, si el hombre no quiere seguir viéndolas, se sienten utilizadas, y eso les genera baja autoestima. Tú tienes que hacerle ver, si quieres estar con una chica, que si la dejas es porque a ti no te interesa ahora mismo tener una relación estable con nadie o no ha habido suficiente conexión.

La mujer tiene mucho miedo a ser utilizada sexualmente porque hay hombres que se dedican a tener relaciones promiscuas con muchas mujeres. Y por eso lo más probable es que ella quiera alargar más que tú el primer encuentro sexual. También hay mujeres que creen que, si tienen sexo fácil con un hombre, perderán valor frente a él, que son mujeres fáciles, poco selectivas, unas fulanas, y que, por lo tanto, el hombre no las va a valorar. Eso puede ser verdad en el caso de un hombre beta. Alguien así puede pensar que, si tiene sexo con una mujer el primer día, es una mujer fácil, poco selectiva. Pero para un hombre alfa eso no debe interpretarse así. Si una mujer quiere tener sexo contigo en la primera cita, significa que ambos habéis sentido una conexión física pronto, que habéis conectado. Para el hombre alfa, la mujer no pierde valor por tener sexo pronto. Él la valorará por la conexión emocional que se haya generado entre ambos, no por haber tenido sexo pronto o tarde.

Quizás tengas que escalar, llevar la iniciativa de esa primera relación y calibrar si ella está preparada o no. La responsabilidad de la escalada siempre dependerá de ti. Como hombre alfa, tienes que guiarla en este proceso y, por eso, debes tomar la iniciativa. También debes saber escucharla: quizás no sea el momento, quizás no le apetezca, le duela la cabeza, tenga la regla o no se sienta preparada. Tú tienes que saber interpretar esas señales.

Cuando un hombre hace el amor con una mujer, por mi experiencia, te diría que hay dos tipos de mujeres desde un punto de vista sexual. Por un lado, están las mujeres a las que les gusta el sexo fuerte, duro, un sexo apasionado y a veces casi violento; el sexo que vemos en las películas cuando se arrancan la ropa y lo hacen en un ascensor, en la parte trasera de un coche o en cualquier lado. Ese es un sexo, en cierto sentido, masculino, pero hay mujeres femeninas a las que les gusta ese tipo de sexo.

Luego hay otro tipo de sexo, que es más femenino. «Femenino» en el sentido de que está basado en caricias, es más lento y cariñoso. Si haces el amor de una manera fuerte, algunas mujeres se sentirán mal y no disfrutarán la experiencia. Entonces, cuando vayas a tener sexo con una mujer, debes contar con la habilidad de calibrar qué tipo es en la cama: si es una mujer a la que le gusta el sexo fuerte o a la que le gusta el sexo cariñoso. Si quieres que esa relación tenga posibilidades de prosperar, deberías intentar adaptarte a su forma de hacer el amor en ese primer encuentro sexual. Ya habrá tiempo para compenetraros mejor.

Muchos primeros encuentros sexuales fracasan porque esta calibración no funciona, es decir, el hombre le hace el amor a la mujer apasionadamente, aunque ella lo disfrute de una forma más suave y cariñosa; o el hombre le hace el amor de una forma suave y cariñosa y ella quería un sexo más duro y salvaje.

El momento de la primera conexión sexual es fundamental. No quiero meterte presión, pero es así. Ahí se produce un intercambio de energías fuerte, un intercambio de fluidos, de olores, es una experiencia íntima. Cuando estás entrando dentro del cuerpo de otra persona, se produce una fuerte conexión. Por lo tanto, es un momento importante.

Puede pasar que ese sexo sea bueno y una forma de avanzar más en vuestra relación; o quizás sea horrible y no haya ningún tipo de química entre ambos. Si eso se produce, ya no habrá posibilidad de seguir avanzando con esa mujer.

Pueden ocurrir varias cosas aquí. En primer lugar, que, después de tener sexo la primera vez, la mujer no quiera volver a verte. Esto puede suceder por distintos motivos: no ha habido conexión sexual o no le ha gustado cómo le has hecho el amor y, por eso, siente que no habéis conectado en ese aspecto, por ejemplo. De ese modo, como no has sabido calibrarla bien, ella se va, te deja de escribir o dice que ya no quiere volver a verte.

A lo mejor ella no quiere volver a verte porque no desea tener una relación contigo, sino que solo le apetecía tener un encuentro sexual casual. Por sus circunstancias personales o emocionales, puede no estar preparada para tener una relación estable con nadie, solo un encuentro fugaz. Si esto es así, incluso cuando el sexo haya sido fantástico, ella puede no estar en un momento para seguir viéndote. Y eso no es culpa tuya, no depende de ti que una persona quiera seguir viéndote o no. El hombre beta siente que, porque se ha acostado con él, la mujer le debe algo y tiene que volver a quedar o, si no lo hace, le debe una explicación. Pero la realidad es que la mujer no te debe nada. Quedará contigo si quiere y tú quedarás con ella si quieres. Y no le debes nada, ni ella te debe nada a ti.

El hombre beta, que vive en la escasez, apenas tiene sexo —si alguna vez lo tiene— y es un hombre sin opciones. De ese modo, si la mujer no quiere seguir viéndole, se sentirá desesperado, triste y frustrado, y se enfadará con ella. No lo comprenderá y entonces la insultará o incluso será violento.

En cambio, si después de haber tenido sexo la mujer no quiere volver a ver al hombre alfa, este no se enfadará, ya que no pasará nada: forma parte del juego. Es decir, el hombre alfa tiene más chicas y más opciones, se siente bien incluso estando solo, aunque no esté viendo a nadie más. Comprende que ella no tiene por qué volver a quedar con él, ni le debe nada, ni tiene por qué escribirle después de haber tenido sexo por primera vez.

También puede pasar que a ti, después de haber tenido sexo con ella, no te interese seguir viéndola. ¿Por qué? Porque no te ha gustado el sexo, porque para ti ha sido una relación de una noche, porque no te gusta lo suficiente la chica, porque estás conociendo a otras personas o porque no te da la gana. No pasa nada, es normal. Entonces se lo tienes que hacer ver de manera educada, simple, hablando de manera abierta y con total sinceridad: «Mira, me lo pasé bien contigo el otro día, creo que eres una persona estupenda, pero que no eres para mí»; o «En este momento de mi vida, no me encuentro capaz de tener una relación estable con nadie». Háblale con total sinceridad, de una forma abierta y clara. Ella, si entiende el juego, lo aceptará, te dejará ir y no habrá rencor por su parte.

Puede ocurrir que le expliques que no quieres volver a verla después de ese primer encuentro sexual y que ella se enfade. Hay mujeres que sienten que les debes algo por haber tenido sexo, que te has aprovechado. Puede suceder esto, pero tienes que hacerle ver que no la has utilizado, que la estabas conociendo, que os habéis conocido y ya no hay nada más. Si ella se enfada y no entiende el juego, no es culpa tuya, eso tampoco depende de ti.

Debes intentar no dejar a la mujer herida, tienes que dejarla mejor que como te la has encontrado, pero, si no es capaz de entender que, después de haber tenido sexo, no quieres verla, ya no puedes hacer nada.

Es importante que comprendas que esta primera relación es un paso más en vuestra conexión y conocimiento mutuo. Sería interesante que la primera vez que tengáis sexo fuera algo memorable. Sé que a veces no es posible planificarlo todo y se dan circunstancias que te llevan a acabar teniendo sexo en un cuarto oscuro, en una discoteca, en la parte de atrás de un coche, en un parque, en la playa o en cualquier lado. Pero, si puedes construir una primera experiencia sexual fantástica, hermosa y bella en un hotel elegante, pasando juntos un fin de semana, si tienes la posibilidad de llevarla a un sitio bonito en tu casa, una cena hermosa, y convertir ese primer encuentro íntimo en una experiencia memorable para ti y para ella, mucho mejor, ya que ambos guardaréis un recuerdo hermoso. Por lo tanto, tampoco hay que idealizar el primer sexo. Puede que no sea demasiado bueno porque ambos estáis nerviosos, igual no os conocéis, no habéis conectado y no sabéis qué le gusta a la otra persona. Más adelante, con la experiencia y el tiempo, vuestra vida sexual puede mejorar mucho.

8. EN UNA RELACIÓN

Después de la primera, segunda o tercera cita, después de que ya hayáis intimado de forma sexual, si ambos os sentís a gusto, lo normal es que sigáis quedando y se inicie una relación monógama clásica o abierta.

A veces pasa que estás conociendo varias personas a la vez. Esto sucede más con los hombres que con las mujeres, que, aunque puedan estar hablando con distintos chicos, cuando comienzan a tener relaciones sexuales con uno de forma habitual, no suelen tenerlas con varios a la vez, aunque hay excepciones sobre esto.

Si los dos os vais conociendo y os sentís a gusto, lo normal es que el paso siguiente sea entrar en una relación de carácter estable. Lo más probable es que sea la mujer quien quiera aclarar la naturaleza de vuestra relación si está interesada en ti.

El hombre beta quiere entrar en una relación enseguida y considera que una chica con la que ha tenido sexo ya es su novia, tiene que serle fiel y le pertenece. Que hayas tenido sexo con una mujer no significa, en realidad, casi nada. No es tu novia, ni quiere decir que ella quiera tener una relación a largo plazo contigo ni que deba serte fiel. La lealtad y la fidelidad tienen sentido cuando ambos habéis hablado y tenéis claro que estáis en una relación estable monógama. También puede ser que tengáis una relación, pero de carácter abierto.

Al final aquí se trata siempre de ser sincero, de manera que, si estás viendo a otras chicas, deberías ser honesto con ella y, si te lo pregunta, decírselo. Entonces puede ocurrir que te diga que eso no le gusta y que quiere que estés solo con ella, momento en el que deberás decidir si quieres que sea tu novia o no. Pero no tendría prisa en aclarar todo esto.

Aquí se ve otra vez la diferencia entre el hombre alfa y el beta. El hombre beta al día siguiente de tener sexo por primera vez con una chica ya le dirá que es su novia y la querrá presentar a sus padres como si fuera su futura esposa. Eso puede hacer que la mujer se sienta incómoda y huya, ya que, en realidad, el hombre estará demostrando necesidad y escasez. El hombre alfa no tiene prisa por entrar en una relación. En otras palabras, cuanta más prisa y necesidad tengas de entrar en una relación, más alejarás a la chica de ti porque estarás demostrando necesidad.

Lo ideal sería que fuera ella quien te pidiera aclarar la naturaleza de vuestra relación. Esta conversación incómoda que a veces se da entre las parejas puede ocurrir cuando ella te pregunte: «¿Qué somos nosotros?». En realidad, está preguntando si sois novios o no. En ese caso, tienes que decidir si quieres llevar esa interacción a una relación estable o no. Al hombre alfa le cuesta emparejarse porque vive en la abundancia y, por lo tanto, es selectivo. Si la mujer percibe que eres de escaso valor y poco selectivo, lo más probable es que te deje. El hombre beta apesta a necesidad y a escasez. Y ese es el perfume más repelente que un hombre puede tener.

Si ya se ha aclarado la naturaleza de vuestra relación y ambos tenéis claro que queréis ser una pareja estable y monógama, lo importante es que entiendas que la seducción no termina cuando la chica es tu novia, sino que es un proceso que dura toda la vida. Muchos hombres creen que, cuando ya tienen novia, pueden sentarse en el sofá, coger una cerveza, echar tripa, eructar, quedar con sus amigos, tener a su chica para tener sexo de vez en cuando, que cocine y que sea la madre de sus hijos. Y esto no es así. Tienes que seducir cada día a tu pareja. Debes alimentar esa relación; si no lo haces, se morirá. Un día la chica se marchará, te dejará solo y tú no entenderás por qué ha sucedido. Y eso ha pasado porque no has sido capaz de mantener el romanticismo en esa relación. La mujer necesita romance en su pareja, que la lleves a cenar, que vayáis de viaje, que hagáis cosas especiales juntos, que mantengas la llama.

No puedes convertirte en un hombre beta en el momento en que tengas una relación. No dejes de ir al gimnasio, de quedar con tus amigos, de tener tus pasiones y tus propósitos.

Si abandonas todo eso, que es lo que te ha hecho atractivo para esa mujer, ella se marchará porque habrás cambiado para convertirte en un hombre beta. No puedes ser un hombre alfa cuando no tienes pareja y ser un hombre beta cuando tienes pareja. Tienes que ser un hombre alfa siempre. Necesitas ser coherente con tu marco mental porque esa debe ser tu forma de entender la vida y las relaciones.

Otro error que comete el hombre beta en una relación es el de los celos, símbolo claro de una mentalidad de escasez y de propiedad. Tu mujer no es tu propiedad, es un ser humano que ha decidido compartir una parte de su vida contigo y que tengáis juntos una vida en común. Pero no te pertenece, es una persona libre que puede dejarte en cualquier momento. No te debe nada y tú no le debes nada a ella. Y, por lo tanto, no tiene ningún sentido que seas celoso.

Si una mujer o un hombre te quiere engañar, lo hará, no puedes evitarlo. Ser celoso no evita una infidelidad; por el contrario, la fomenta, ya que el hecho de ser celoso te quita mucho valor y, cuanto menos valor tengas, más fácil será que la mujer te engañe. Si lo hace, quizás sea porque no has sido capaz de alimentar el romanticismo en esa relación, porque no le diste lo que necesitaba o porque ella es así. Pero también puede no haber ningún culpable: a lo mejor no estaba preparada para entrar en una relación estable y monógama, sino que le apetecía seguir viviendo otras experiencias.

Si la mujer del hombre alfa le engaña o se va, este no lo vivirá como un drama porque vive en la abundancia. Volvemos otra vez a lo básico: debes comportarte como si tuvieras veinte mujeres hermosas que te están escribiendo wasaps cada día. Si eso es así y tu pareja decide dejarte, no debería importarte tanto, no harías un drama por ello.

Te recomiendo que evites los celos. Tienes que confiar en tu pareja y darle libertad. Si quiere quedar con un amigo o una amiga, que quede. Si se quiere ir sola de viaje, que se vaya. Debe tener la libertad total para desarrollarse como ser humano. Y, por lo tanto, no caigas en esa trampa en la que caen muchos hombres beta, que es considerar a su pareja, a su chica, como una propiedad suya y no como un ser humano completo que tiene derecho a tomar sus propias decisiones.

9. OLVIDA A TU EX

Lo más probable es que la relación que comiences con esa chica que te gustaba tanto se acabe rompiendo. La mayoría de las relaciones son efímeras. Es raro hoy en día que conozcas a una mujer, sea tu primera relación y vivas el resto de tu vida con esa persona. Lo más normal es que tengas diferentes relaciones. Incluso te diría que eso es bueno y saludable. No creo que sea buena idea emparejarse con la primera persona que hayas conocido. Quizás sea la mujer de tu vida y, en algunos casos excepcionales, sí tenga sentido hacer eso, pero lo normal es que la primera relación sea una forma de auto-conocimiento para ti, una forma de aprendizaje. Y lo lógico es que se acabe rompiendo.

Puede que se rompa porque circunstancias de la vida lo han provocado, porque la chica —o tú— se vaya a vivir a otro sitio o porque la llama de la pasión se apague pasadas unas semanas, meses o años. Si eso sucede, debes intentar no herir a esa mujer. El hombre alfa intenta dejar a la mujer con la que ha compartido su vida mejor de como la ha encontrado. Así, no debe haber resentimiento por tu parte. Si las cosas no funcionan, lo mejor es terminarlas y empezar otra cosa.

Sin embargo, lo que hace el hombre beta es aferrarse a esa relación porque, como vive en la escasez, entiende que, si pierde a esa mujer que ha tenido la suerte de enganchar a su lado, lo más probable es que esté solo durante mucho tiempo. Tiene incluso miedo de no poder volver a encontrar otra pareja. Por lo tanto, es una especie de parásito emocional que, incluso aunque la relación vaya mal y sea un desastre, será incapaz de dejar a su pareja. Si ella le quiere dejar, intentará por todos los medios posibles que no suceda. Y, si sucede, guardará un gran resentimiento hacia esa persona.

Es un error aferrarte a una relación que no funciona, vivir en la escasez. Y es un error guardar resentimiento hacia alguien que ha compartido un tiempo contigo. Quédate con las cosas buenas de la relación y no con lo malo. Considéralo una forma de aprendizaje. Que ella te deje en un momento dado, te engañe o se vaya con otro forma parte del juego. No debes guardarle rencor, sino seguir tu camino hacia adelante. Esto no es fácil de asumir porque lo normal es que muchos hombres se muestren heridos o resentidos hacia su pareja si ella los deja. Pero no debería ser así.

Otro error del que quiero advertirte y es habitual en muchos hombres beta es el intento de recuperar a tu ex. Hemos visto muchas veces a hombres y mujeres desesperados viendo cuál es la forma de recuperar a su ex porque dicen que siguen enamorados. Si la relación se terminó, es por algo. Es porque, en ese momento, no erais personas compatibles.

Con dos personas que han tenido una relación que no ha funcionado, puede suceder que pasen los años y ambos cambien, evolucionen y maduren, y quizás en ese momento, más adelante, sí tenga sentido volver a tener una relación con esa persona porque, en cierto modo, ya no seréis los mismos, sino personas diferentes. Habréis madurado, cambiado y todo será distinto. Pero no tiene sentido intentar recuperar a la pareja que te ha dejado la semana pasada. Si te abandonó, es que no quiere estar contigo; si eres un hombre alfa, lo aceptarás como parte del juego y seguirás adelante.

En algunas ocasiones he intentado recuperar relaciones que se habían roto para darnos una segunda oportunidad y ver cómo lo arreglábamos. Pero en la totalidad de los casos ha sido un fracaso porque las razones por las cuales habíamos roto seguían estando ahí. Eso no ha cambiado, seguís siendo las mismas personas. En un mundo de abundancia de relaciones y posibilidades, no tiene sentido aferrarse a una relación que ya murió. Es mejor empezar de cero.

Cuando tienes una relación con una mujer, es como un vaso que se va llenando. Muchas veces en ese vaso habrá resentimiento, malas palabras, engaños o infidelidades, y eso se irá acumulando ahí. Puede ocurrir que estés con una chica y te eche en cara algo que pasó hace cinco años. Entonces sería más sano para ti y para ella empezar de cero con otra persona.

Por lo tanto, no hagas como el hombre beta e intentes recuperar a tu ex o te aferres a una relación muerta. Déjala ir. Avanza, sigue adelante en tu camino y no cometas este error, que solo hará que tanto tú como ella perdáis el tiempo.

CAPÍTULO 4. TÉCNICAS DE SEDUCCIÓN

1. NO NECESITAS TÉCNICAS

Muchos libros de seducción se centran en explicar técnicas para ligar, que pueden ser vistas por algunos como una forma de manipulación, similares a las que utilizan los malos vendedores que quieren venderte un coche usado que en realidad no deberías comprar. Más que técnicas, lo que necesitas es un *mindset*, una mentalidad alfa. Las técnicas sirven para aquellos que no tienen una mentalidad correcta.

El problema está en que, si no eres un hombre alfa, todas las técnicas que puedas aprender podrán ayudarte en tu interacción con una mujer, pero, en cuanto te conozca un poco mejor, todo se derrumbará como un castillo de naipes. Si utilizas técnicas propias de un hombre alfa, pero no tienes esa mentalidad, estarás siendo un farsante.

Más que técnicas, me gustaría llamarlas *herramientas*. Estas te pueden ayudar a ganar confianza, sobre todo si no tienes suficiente experiencia, y a mejorar en tu camino como seductor. Un hombre alfa no necesita técnicas de seducción.

Es magnético porque su personalidad atrae a las mujeres que quiere seducir. Si eres alfa, no necesitas ninguna técnica, frase o truco para ligar con nadie. Es un proceso que se produce de manera natural. Pero las técnicas pueden ser una escalera que te permita llegar a ese sitio donde quieres estar.

De ese modo, cuando alcances una mentalidad alfa plena, podrías desechar todas las técnicas y centrarte en ser tú mismo. Sí, puedes ser tú mismo cuando eres de una determinada forma seductora para las mujeres. No tiene sentido ser tú mismo, como ya te dije al principio del libro, cuando eres un hombre beta. Las técnicas pueden servirle a un hombre beta que está en el camino para convertirse en un hombre alfa. Por lo tanto, como herramienta de aprendizaje y de crecimiento personal, me parecen válidas. Sin embargo, recuerda que las técnicas por sí mismas no sirven para nada si no eres la clase de hombre correcto. Por ese motivo, utilízalas siendo consciente de que son herramientas que tendrás que abandonar cuando ya tengas mucha más experiencia en el camino del seductor.

2. SURFEA SUS ESTADOS DE ÁNIMO

Una vez tuve una primera cita con una chica que hacía poco había roto con su ex. Ella estaba herida y resentida porque él la había abandonado después de estar bastantes años juntos. Comenzó a hablarme de él y de las cosas malas que le había hecho, pero, cada vez que sacaba el tema, de forma premeditada y descarada, yo lo cambiaba y le hacía preguntas sobre cosas que pudieran hacer que se sintiera bien. Por ejemplo, le preguntaba cuál era el mejor viaje que había hecho en su vida, el mejor libro que había leído, cuál era su playa favorita o su plato favorito o que me contara algún recuerdo hermoso de su infancia; cualquier cosa que la hiciera sentir bien. Y, cada vez que se desviaba del tema y quería volver a hablarme de lo malvado que había sido su ex, yo volvía a cambiarlo descaradamente y la dirigía hacia un asunto que a ella le generara emociones positivas.

Esta técnica consiste en surfear sus estados de ánimo para llevarla a un humor positivo. Al final, lo que la chica va a recordar de la cita es cómo se ha sentido contigo. Si te dedicas, como haría un hombre beta, a consolarla por lo malvado que ha sido su ex y a seguir profundizando en ese pozo de rencor, al final ella va a recordar a su ex y lo mal que se ha sentido después de que él la dejó. Sin embargo, tú, como hombre alfa que conoce el juego de la seducción, entiendes que ella no quiere hablar de su ex, sino conocer a una nueva persona que la enamore, la haga sentir bien y deseada, querida y valiosa. Si os dedicáis a pasaros vuestra primera cita hablando de una persona que ni siquiera está presente y que ya no forma parte de la vida de ella, vas a desperdiciar una extraordinaria oportunidad para conocerla y esa cita va a ser un completo fracaso.

Muchas veces te va a pasar que quedes con personas que no se sientan bien o que no estén de buen humor por cosas que no dependen de ti. En este caso que te comenté, se trataba de un tema de un ex, pero podría ser que la chica estuviera frustrada con su trabajo y sus estudios, o que tuviera un problema familiar, de salud o de cualquier tipo. Lo que tienes que hacer en ese caso, si ella insiste en buscar tu compasión, es surfear, cambiar y modificar su estado de ánimo. No se trata aquí, por lo tanto, de manipularla, sino de conducirla hacia un estado de ánimo positivo. Es lo mismo que harías con un amigo que te importe: si ves que está frustrado y dolido con su ex, en vez de dedicarte dos horas a hablar de la ex que ya no está en su vida ni va a volver a estarlo, es muchísimo mejor que os centréis en temas positivos y en conversaciones que os hagan felices a ambos. Por lo tanto, esta técnica consiste en ser capaz de cambiar el humor negativo de una mujer en un humor positivo.

3. DESCUBRE SU PASIÓN

Las mujeres que tienen perfiles en redes sociales para conocer hombres, como Meetic, eDarling, Tinder u otras similares, están cansadas de mensajes que no tienen ninguna clase de gracia y de interés. Muchos de ellos son: «Hola, ¿qué tal?»; «¿Cómo te llamas?», o «Eres guapa, me gustaría conocerte», y mensajes vacíos de sentido, sin gracia y que no suscitan ningún interés en ella. Por eso, tienes que intentar llamar su atención rompiendo el patrón de la mayoría. Y eso puede consistir en una aproximación de carácter indirecto, fijándote en algo que ella tenga de especial y único.

Decirle a una mujer que es guapa es algo vacío de contenido, que no tiene demasiado significado. Sin embargo, ocurrirá lo contrario si le dices que te has fijado en el colgante en forma de estrella o en ese pendiente especial que lleva, o que has visto algo llamativo en sus fotos. Por ejemplo, si tiene una fotografía en la que se la ve subiendo una montaña porque le gusta el alpinismo, la escalada o el senderismo, puedes preguntarle cuál es la montaña más alta que ha escalado.

Tienes que buscar puntos de conexión, debes intentar averiguar cuáles son sus pasiones. Si a una chica le encanta correr, por ejemplo, hablar de ese deporte puede ser una forma perfecta de conectar con ella. Es diferente decirle a una chica: «Hola, ¿qué tal? Eres guapa, quiero conocerte», que decirle: «A mí también me gusta mucho el senderismo de alta montaña, ¿por dónde sueles ir a caminar?», por ejemplo. De esa manera, se puede entrar en una conversación sobre un tema que a ella le resulte interesante, que a ti también te guste y que pueda generar una conexión emocional entre ambos.

Un hombre alfa no oculta sus intenciones románticas y no es un manipulador de las emociones de la mujer. Lejos de considerarla como un objeto sexual, intenta comprender y fijarse en aquello que a ella la apasione, es decir, va más allá de la apariencia para intentar conocerla como ser humano. Y ahí es cuando se puede crear una conexión genuina y auténtica entre ambos.

Busca aquello que le apasione y después intenta conectar con esa pasión si a ti también te interesa; si no te interesa porque no lo practicas, quizás desees aprender sobre ello. Esa puede ser una manera fantástica para iniciar una conversación, una interacción con una chica desconocida. En otros términos, no te quedes en lo superficial e intenta buscar algo original que apasione a la mujer para, a partir de ahí, iniciar una conversación que os ayude a conoceros mejor el uno al otro.

4. CONSTRUYE EXPERIENCIAS MARAVILLOSAS

Deja que se relaje y pueda vivir las experiencias maravillosas que quieras construir para ella. Para una mujer, poder arreglarse para una cita y dejar que el hombre la conduzca a un sitio estupendo, y quitarle la responsabilidad de tener que pensar a dónde vais a ir y qué vais a hacer es una manera maravillosa de mostrarle cómo es tu mundo y que tienes la habilidad de construir experiencias para ella.

Te recomendaría tener varias citas pensadas de antemano de manera detallada. Es mucho mejor tener esas citas porque, de esa forma, puedes ir mejorándolas y construyendo cada vez mejores experiencias. Por ejemplo, una primera cita podría ser quedar para tomar un cóctel o un café en un local especial, en un bar que no sea el típico bar de barrio, sino un local elegante, sofisticado, un lugar que a ella le haga sentir especial. Y no tiene por qué ser un lugar caro: puedes construir experiencias maravillosas por cero euros. No se trata aquí de llevarla a un restaurante de lujo, contratar un helicóptero o una banda de música. No necesitas hacer todo eso para impresionarla y no vale la pena que lo hagas si todavía ni siquiera la conoces. No tiene sentido invertir tantos recursos en una persona desconocida.

Localiza ese lugar especial para una primera cita. Si ese café inicial va bien, sería interesante que ya hubieras buscado un restaurante cerca de allí que no fuera caro, pero donde ofrecieran algún tipo de comida que se saliera algo de la norma. Si vives en una ciudad grande, quizás no sea difícil encontrar cerca un restaurante de Etiopía o de algún lugar poco conocido. Es probable que ella haya probado comida de China o de Japón, pero quizás no de algún país más exótico. Si, además, después de esa cena, subís a un edificio alto en un hotel de cinco estrellas, por ejemplo, que tenga una terraza con vistas a toda la ciudad y podéis tomar un cóctel, puede ser el final de noche perfecto.

Otra segunda cita que podrías tener con la chica es una cita divertida, juguetona, que a ella la haga sentirse relajada y disfrutar de tu compañía de una manera más casual. Podrías llevarla, por ejemplo, a una bolera. Es un tipo de cita que me encanta. Es como si la mujer volviera a ser una adolescente. Tienes que decirle que se vista de manera adecuada, con pantalones, no hace falta que se ponga un vestido de noche.

Podéis ir a jugar a los bolos, algo que ella ha visto en muchas pelis americanas, pero que quizás no haya hecho, y luego vais a tomar algo a una coctelería y a jugar a los dardos. Es una cita divertida, original y barata.

Otra segunda cita podría ser llevarla a un museo. Te recomendaría que no fuera uno de arte moderno, con cuadros abstractos y un tanto extraños, sino uno diferente, original, de algo que a ti te gustara y quizás a ella también. Podría ser, en vez de un museo, un palacio hermoso, y después podríais ir a tomar un helado o a pasear por los jardines de un parque con fuentes. Quizás, cerca del lugar en el que vives, haya algún palacio antiguo con bellos jardines que se iluminan por la noche o algún lugar donde pasear de manera tranquila y relajada.

Una cita maravillosa para ambos podría ser ir a hacer senderismo por la montaña. Dile que se ponga un chándal y que iréis en plan deportivo. Puedes llevarla a una cafetería que hayas elegido y recomendarle un café y un pastel maravilloso. Después puedes llevarla a pasear por una ruta donde haya un río, un lago, un bosque y, de esa forma, podréis compartir juntos un día en el campo. Es un modo maravilloso de eliminar estrés, conectar con la naturaleza y conoceros un poco mejor el uno al otro.

Ir a un concierto podría ser otra cita fantástica. Pregúntale qué tipo de música le gusta, si le gusta el *jazz*, el *rock* o alguna clase de espectáculo en vivo. Quizás podrías llevarla a algo más original, como a una obra de teatro, un concierto de música clásica o una ópera. Descubre qué tipo de actividades le podrían hacer más ilusión. Ir al teatro, si a ella le gusta ese tipo de arte, puede ser algo más original que, por ejemplo, llevarla al cine.

Para que todo esto salga bien, es importante que tengas todo planificado, es decir, que sepas a dónde llevarla, cuánto tiempo te conviene estar, cómo desplazarte de un lugar a otro y, además, te recomiendo que la invites.

Ella quiere vivir tu mundo, conocerte y, por eso, saber qué tipo de cita le puedes proporcionar. Como hombre alfa, debes ser un maestro en la construcción de experiencias, que se deben adaptar a lo que a ti y a ella les guste. No tiene sentido que lleves a una mujer a un museo si no le gustan. Eso también forma parte del proceso de seducción, es decir, el descubrimiento de aquello que le interesa a la otra persona. Esto hará que la mujer vea que eres un hombre valioso e interesante que conoce el juego de la seducción y está dispuesto a conducirla a un mundo de experiencias maravillosas y excitantes.

5. VIAJES INOLVIDABLES

Puedo decirte que las mujeres aman, en general, las experiencias de carácter físico. ¿A qué me refiero con esto? Por ejemplo, a ir a la playa, a bailar o a pasear en una moto. Si un hombre tiene una moto potente, llevar a la mujer de paquete, sentada detrás, mientras ella le abraza yendo juntos por la autopista, es una experiencia de carácter físico que genera muchísimas emociones positivas en ella. Más ejemplos: hacer deportes de riesgo, surf, *puenting*, subirla a un globo... Esas experiencias de carácter físico, excitante o emocional le gustan a la mayoría de las mujeres.

Cada mujer es un mundo, pero te puedo asegurar que llevarla en globo, si no tiene vértigo, puede ser una experiencia maravillosa y original para ella. Pero hay una experiencia que, según mi parecer, funciona de manera extraordinaria con casi todas las mujeres: los viajes. En general, las mujeres aman viajar. He encontrado pocas mujeres en mi vida a las que no les guste. Quizás alguna señora mayor a la que le dé miedo viajar no quiera ir a ningún sitio, pero, en general, para las mujeres más jóvenes con un estilo de vida activo es algo maravilloso.

Un hombre al que le guste viajar y pueda llevarla a hacer viajes hermosos, exóticos y excitantes tiene muchísimo ganado. Puedes pensar que, para hacer buenos viajes, necesitas mucho dinero, pero eso no es cierto. Para convertirte en un seductor alfa, no necesitas ser un hombre rico, sino tener el conocimiento y la capacidad de crear experiencias maravillosas para la mujer que te gusta. Si eres capaz de hacerlo, podrás suplir el hecho de no tener mucho dinero. No necesitas ser millonario, sino contar con un mínimo de dinero. Si no eres capaz de invitar a una mujer a un café, tienes un problema serio y no deberías estar leyendo este libro, sino aprendiendo cómo ganar dinero, ya que no tener asegurados unos ingresos mínimos hará que seducir a una mujer sea un tema secundario. Antes deberías poder mantenerte a ti mismo.

Puedes hacer viajes extraordinarios con poco dinero. Se puede viajar en autobús, en tren o en coche a lugares no lejanos y, de esta forma, hacerla vivir experiencias extraordinarias e inolvidables. Si ya estás en una relación con la mujer que te gusta, llevarla de vez en cuando de viaje os ayudará muchísimo a alimentar el fuego de vuestra relación. No tienen por qué ser viajes largos, puede ser una noche de hotel una vez al mes en un lugar cercano, que es algo que no cuesta mucho dinero.

Igual que te he dicho sobre la construcción de experiencias y citas, es recomendable que planifiques o pienses viajes maravillosos. Tampoco te digo que repitas siempre el mismo viaje con diferentes chicas. Es bueno para ti encontrar lugares diferentes, pero descubre qué tipo de turismo le gusta hacer a ella y juntos podréis buscar la mejor manera de compartir un viaje. Hoy en día, con las aerolíneas de bajo coste, es fácil y barato viajar incluso a lugares lejanos. Por lo tanto, el dinero no es una excusa.

El hombre beta está metido en su caverna y no sale de allí si no se ve obligado a ello. El hombre alfa conoce el mundo, a él le gusta viajar y ver culturas nuevas porque sabe que es una forma de crecimiento personal. Le gusta conocer nuevos países, vivir experiencias y, por lo tanto, poder ofrecerle a la chica que le gusta un viaje inolvidable es una de las mejores técnicas de seducción que existen.

6. APRENDE A BAILAR

Aprender a bailar puede tener muchos beneficios en tu vida social y romántica. Es una buena manera de generar una conexión profunda con la chica que te gusta o de conocer mujeres nuevas e interesantes. Además, te ayudará a sentirte más confiado contigo mismo, lo cual hará que seas más atractivo: es un rasgo que muchas mujeres encuentran valioso.

Si mejoras tu capacidad para bailar, también estarás mejorando tus habilidades sociales. Bailar en eventos sociales o en clases de baile ayuda a conocer gente nueva, incluidas mujeres, que suelen ser mayoría en este tipo de actividades. También puede facilitar la apertura de conversaciones y la formación de nuevas conexiones. Muchas mujeres solteras o sin pareja se apuntan a clases de baile para conocer personas nuevas y, por lo tanto, puede ser un entorno interesante para ti.

El baile, además, es una forma de expresión y puede mostrarle a una posible pareja que eres capaz de comunicarte y expresarte a través de tus movimientos. Esta habilidad puede ser atractiva, ya que demuestra empatía y sensibilidad hacia los demás.

Ir a bailar también señala que estás dispuesto a dedicar tiempo y esfuerzo a mejorar. Esa dedicación puede ser atractiva para posibles parejas, ya que refleja una actitud proactiva hacia la vida. Es más interesante un hombre que quiera aprender cosas nuevas y salga de su zona de confort yendo a bailar, incluso si no se le da bien hacerlo, que alguien que esté todo el día metido en la cueva, encerrado en su propia autocompasión. Bailar es divertido y puede mostrar tu lado más enérgico y apasionado. Puedes disfrutar y compartir buenos momentos con muchas personas.

También te diré que algunos estilos de baile, como el tango o la salsa, son sensuales y románticos. Ser capaz de manejar estos estilos puede permitir que un hombre muestre un lado más íntimo y sensible. Si después de una cena romántica llevas a tu pareja a bailar tango o salsa, y sabes hacerlo bien, te puedo asegurar que habrás superado al 99 % de los hombres. Bailar es una excelente forma de ejercicio y muestra que te preocupas por tu salud y bienestar físico, cualidades que pueden ser atractivas en una pareja potencial.

Conocer diferentes tipos de baile también expone a una persona a diferentes culturas. Mostrar interés y respeto por otras tradiciones y formas de expresión puede señalar una mentalidad abierta y curiosa. Aprender a bailar puede ser una de las técnicas de seducción más poderosas que seas capaz de aplicar.

7. APRENDE A COCINAR

Cocinar para la chica que te gusta también puede ser una técnica de seducción recomendable. Saber cocinar demuestra que eres autosuficiente y que no dependes de nadie para satisfacer tus necesidades básicas. El típico hombre de 40 años que va los fines de semana a casa de su madre para llevarse los táperes con la comida para toda la semana no es atractivo en ese aspecto porque está demostrando que no tiene la capacidad para cocinar y que sigue dependiendo de su mami.

El hecho de saber cocinar puede ser visto como un signo de madurez y responsabilidad, cualidades atractivas para muchas mujeres. Si sabes hacerlo, puedes preparar comidas para fechas especiales, amigos y familiares. Esto muestra que estás dispuesto a hacer un esfuerzo para cuidar a los demás, lo cual es una señal de que podrías ser un compañero atento y considerado. Hay pocas cosas más atractivas que invitar a una mujer a tu casa, sentarla cómodamente en la cocina y que tú —el hombre—, mientras tanto, te dediques a cocinar algún plato exótico, sano y llamativo para ella.

Saber cómo preparar comidas nutritivas y sanas demuestra un compromiso con un estilo de vida saludable, lo cual puede ser importante para muchas mujeres que valoren la salud y el bienestar.

La cocina también es una experiencia compartida. Invitar a la chica que te gusta a cocinar juntos puede ser una actividad íntima y agradable que fomente la comunicación, la cooperación y el aprendizaje mutuo. Comparar diferentes cocinas y técnicas culinarias refleja un interés por diversas culturas y cierta sofisticación. Esto puede hacer que las conversaciones sean más interesantes y muestra una mente abierta a nuevas experiencias y sabores.

Cocinar una comida decente requiere planificación y atención al detalle. Estas habilidades pueden ser atractivas, ya que señalan que eres capaz de pensar de manera adelantada y organizar tu tiempo y recursos de modo efectivo.

Una cena o quizás un postre puede ser una excusa perfecta para invitar a la mujer que te gusta a tu casa y pasar tiempo juntos en un ambiente más privado y cómodo, lo cual puede ser propicio para una conexión más profunda.

No necesitas convertirte en un chef de un restaurante de cinco estrellas. Si eres capaz de aprender a cocinar tres o cuatro platos interesantes y algunos postres sabrosos, habrás ganado mucho valor frente a la mujer que te gusta.

Además, te invitaría a que aprendieras a cocinar de manera saludable, simple y rápida para poder ser capaz de no depender de nadie. Un hombre alfa tiene que poder vivir solo, cocinar para sí mismo y alimentarse de una manera adecuada sin necesitar a nadie. No tiene sentido que no sepas cocinar nada, que estés con 40 años dependiendo de la comida de tu madre y que pretendas que tu mujer sustituya a tu madre siendo tu nueva cocinera. Tú debes tener la autosuficiencia, la voluntad y los conocimientos necesarios para cocinar para ti mismo y para la mujer que te gusta.

8. LECTURA EN FRÍO

La lectura en frío es una técnica utilizada para persuadir a otra persona de que tienes alguna clase de intuición especial o habilidades psíquicas. Consiste en hacer afirmaciones vagas y generalizadas que se pueden aplicar casi a cualquiera, pero que la persona en cuestión cree que son específicas para ella. Es una práctica común entre mentalistas, quiromantes (lectores de manos), adivinos y algunos practicantes de la psicología. Sin embargo, hay que tener mucho cuidado con cómo se usa esta técnica, sobre todo en situaciones románticas, ya que puede ser manipuladora y contribuir a una falta de confianza si la otra persona se da cuenta de lo que estás haciendo.

La honestidad, la empatía y una comunicación genuina son las mejores estrategias para formar una conexión significativa. Por lo tanto, debes utilizar la técnica de lectura en frío como un juego. No se trata de engañar a la chica haciéndole creer que tienes poderes mentales o algo parecido, sino de que le digas que es una forma de conoceros el uno al otro. Y así es como debe tratarse, como una especie de juego de autoconocimiento y una forma de ir estableciendo conexiones significativas entre ambos.

Es posible empezar con afirmaciones generales que pueden aplicarse a casi cualquier persona. Por ejemplo, puedes decirle: «A veces te puedes mostrar dura, pero, cuando se te conoce mejor, eres más sensible». Esta afirmación, que en realidad no dice nada, puede servir para que ella te diga que no, que en realidad parece una persona sensible, pero es más fuerte de lo que parece. Es una forma de que muestre cómo se ve a sí misma y también puede ser una ocasión propicia para que desarrolles ese tema y puedas explicarle cómo eres tú en ese aspecto.

Presta mucha atención a cómo reacciona a lo que dices. Su lenguaje corporal, sus expresiones faciales y cualquier respuesta verbal te darán información sobre si lo que dices resuena o no con ella. Pero también podría proporcionarte detalles sobre su vida o experiencias, y esa información quizá te ayude a establecer una conexión más genuina entre vosotros. Esto demostrará que estás prestando atención y que te interesa lo que estás compartiendo.

En lugar de hacer afirmaciones todo el tiempo, haz preguntas que la inviten a compartir más sobre sí misma. Por ejemplo: «¿Alguna vez te has sentido como si hubieras tomado una decisión importante demasiado rápido?», o «¿Cuál crees que es el mayor error que has cometido en tu vida?». Esto puede facilitar una conversación genuina y compartir experiencias. Para que esta técnica funcione, tienes que ser empático y no crítico.

Cualquier información e historia personal que ella comparta contigo debe ser recibida sin juicio. La empatía fortalecerá la conexión y hará que se sienta más cómoda al abrirse. Es crucial recordar que el objetivo de esta técnica no es manipular ni hacer que la otra persona se sienta analizada o incómoda, sino fomentar la conversación y establecer temas interesantes para que os podáis conocer.

La técnica de la lectura en frío es un juego que os permite conoceros mejor.

9. MUEVE EL CULO

La mejor técnica de seducción que existe es mover el culo, es decir, trabajar para convertirte en la mejor versión de ti mismo. De nada sirve que leas libros, que vayas a seminarios, que veas vídeos en YouTube o escuches pódcast de seducción. Nada de eso te va a ayudar si no aplicas acción a toda esa teoría. La parálisis por análisis o el exceso de información puede ser tu peor enemigo.

Está bien que hayas leído este libro. Te felicito por ello. Pero ahora se trata de ponerte en marcha. La acción siempre supera a la reflexión. Por lo tanto, ¿qué tienes que hacer a continuación? Intentar conocer a la mayor cantidad de chicas posible. No hay una cita mala porque todas las citas que puedas tener —incluso con mujeres que no te atraigan mucho— serán un modo de aumentar tu experiencia y tus habilidades sociales, pero también de aprender de manera práctica en situaciones reales de la vida. Intenta tener la mayor cantidad posible de citas con chicas que te atraigan.

Cuida tu cuerpo, haz deporte, aliméntate bien, aprende a vestir con elegancia. Infórmate acerca de cuáles son las últimas tendencias de moda, cómprate ropa elegante, cuida tu higiene, córtate el pelo, busca dejarte un bigote, barba o perilla, si crees que te favorece. Si estás calvo, piensa en ponerte implantes de pelo o en raparte la cabeza. Si usas gafas, cómprate unas más bonitas o ponte lentillas. Trabaja para convertirte en un hombre más atractivo física y mentalmente.

Ve a fiestas, haz amigas y amigos, apúntate a clubs de lectura, a grupos de debate, a cualquier tipo de club, grupo o asociación en donde puedas interactuar con personas nuevas. Siéntete cómodo teniendo relaciones con mujeres atractivas o hablando con esa señora de 80 años que podría ser tu abuela. No sientas ningún miedo ni timidez al hablar con personas desconocidas; si eso sucede, tienes que intentar vencer tus miedos.

Conviértete en la mejor versión de ti mismo, y para lograrlo lo mejor que puedes hacer es practicar, practicar y practicar. Focalízate en tu objetivo de ser un hombre alfa. Intenta interiorizar los conocimientos de este libro y, sobre todo, llevarlos a la práctica. Solo conociendo a chicas reales en situaciones románticas verdaderas podrás llegar a mejorar tus habilidades como seductor. Mueve el culo y trabaja para convertirte en tu mejor versión.